KB165217

아무튼, 괜찮아
다 잘 될 거야

걱정과 두려움에서 탈출하는 마음처방전

아무튼, 괜찮아
다 잘 될 거야

서상원 지음

도 서 출 판 린

긍정 심리학으로 비관주의를 활용하라

사람들은 바라는 무언가가 있으면 소원 빌기에 여념이 없지만, 그중 이 모든 소원의 밑거름이 되는 '마음을 다스리는 방법'을 알게 해 달라고 소원을 빌지는 않는 듯하다.

노자는 '자신의 마음을 이해하는 자는 강한 사람이며, 남의 마음을 이해하는 자는 지혜로운 사람이다'라고 했다. 가족의 건강, 시험의 합격, 행복과 성공의 결과 등은 모두 이 마음에서부터 시작함을 알아야 한다.

자기 자신을 다스릴 줄 알아야 건강을 지키고, 자기와의 싸움에서 이겨야 세상의 어떠한 시험에서도 승리할 수가 있다. 또한, 옛 선현들은 '사람의 마음을 얻어야 천하를 얻을 수 있다'라고 충고했다. 이는 나 자신은 물론 타인의 마음마저 이해할 수 있다면 자신감과 통솔력이 강해져 성공과 행복에 가깝게 다가갈 수 있다는 뜻이다.

모든 인간관계는 마음에 따른다. 마음이 사람을 움직이는 것이다. 사람의 사고와 이성을 바탕에 두고 있는 심리 현상은 복잡하고 다양하고 심오하다.

이 심리 현상을 연구한 실험 결과와 심리 활동의 본질을 이해한다면 자신의 특징을 정확하게 파악한 개개인이 생활의 여러 분야에 응용함으로써 사회 활동에 잘 적응하는 일이 가능해진다.

이 책은 심리학 분야 가운데서도 '긍정 심리학'에 초점을 맞추어 자신과 세상을 바라보는 '낙관론'이 어떠한 영향을 미치고 결과를 만들어 내는지를 확신시켜 주고자 하였다. 물론 이 책은 대책 없는 낙관주의를 설파하지 않는다.

이미 결정된 일, 두려움과 패배주의로 일을 흐지부지 만들어 버리는 현실의 숱한 일들을 추진해 내고 성취해 내도록 우리를 독려하는 데 그 목적이 있다. 무력감으로 고정되어 버린 사고방식을 변화시키지 않고서는 개인적인 일이든 단체의 일이든 그 목적을 달성하는 일은 불가능하기 때문이다.

한번 결정된 일이나 원하는 일을 성취하는 데 필요한 계획은 적극 밀고 나가야만 그 목적을 달성할 수가 있다.

이것은 반드시 사회적인 성공을 위해 애쓰는 사람에게만 필요한 지혜가 아니라 학생, 가정주부, 아이들, 직장인 등 현대사회를 살아가는 개인 누구에게나 필요한 기술이다.

본문의 비즈니스맨, 세일즈맨, 가정주부, 학생, 스포츠 선수 등 직업과 상황에 따른 적용 사례를 확인하면 상황에 맞는 사고와 행동이 무엇인지 또 상대의 상황에 맞게 어떻게 관계를 맺어야 하는지에 대해 어렵지 않게 이해할 수 있을 것이다.

소크라테스가 말한 '너 자신을 알라'의 근본적인 숙제를 풀고 더 나아가 타인과 세상을 알 수 있는 것이다.

심리학은 대다수 학문과 연관되고 다양한 분야에 응용할 수 있는 중요한 학문이다. 사랑, 동기, 범죄, 경제행위, 인간관계, 몸과 마음의 관계, 성공과 좌절 등 인간의 모든 행위를 심리학적으로 연구할 수 있으며 또 연구 결과는 실생활에 곧장 응용할 수 있다.

『아무튼, 괜찮아 다 잘 될 거야』는 일상생활과 현대사회에서 자주 나타나는 문제와 그에 관한 실험 사례들을 제시하여 심리 현상을 정확하게 이해하고, 실생활에서 지혜롭게 대처해 나가는 방법을 소개하고 있다.

그중에서도 이 책은 가정에서부터 사회에 이르기까지 모든 인간관계 속에 숨어 있는 낙관주의와 비관주의에 관한 심리를 발견하고 활용하는 데 중점을 두었다.

이 책을 통해 낙관적 마음이 기적을 만들어 내는 결과를 확인하고 생활 속에서 적용하며 자기 삶의 방향을 바꾸어 가는 일을 실현해 내는 사람이 많아졌으면 좋겠다.

서상원 씀

2부 | 낙관주의자

1장 낙관주의자의 강점

3부 | 낙관주의의 실천

1장 마음의 메커니즘

1부

인생의 부정성과 긍정성

낙관주의는 무엇보다도 자신이 처한 역경을

긍정적이고 희망적으로 해석하는 힘을 제공한다.

사람은 누구나 희망이 보일 때 다시 일어서는 법이다.

1장
상대를 움직이는 길

희망과 용기를 주는 최후의 승자

어느 분야든 성공하는 사람들의 공통된 특징은 낙관성이 풍부하다는 점이다. 정치가, 사업가, 예술가, 판매원, 직장인 중에 성공한 사람들은 낙관적 신념이 넘친다. 이것은 무엇 때문일까?

그들은 원래 낙관성이 풍부해서 성공한 것일까? 아니면 성공했기 때문에 낙관성이 풍부해진 것일까? 어느 면도 무시할 수는 없을 것이다. 하지만 그들의 성품이 매우 낙관적이라는 점에서는 일치된 견해를 보인다.

정치계에서 성공한 유명 인사들의 면면을 유심히 관찰하면 그들은 이상주의자에 가까울 정도로 낙관적이다. 그들은 현실로 닥친 문제에 대하여 불가능하다는 생각을 거의 하지 않는다. 그리고 미래의 문제에 대해서는 꿈같은 이상을 갖고 있다. 정치가는 많은 사람을 자신의 신념에 동조하도록 해야 하고 여론을 인도해야 하는 직종이다. 따라서 일반 사람들보다 낙관성이 높은 건 당연한지도 모른다. 이렇게 낙관성이 풍부한 정치가는 유권자들에게 희망과 용기를 안겨 준다. 정치적 현실은 항상 많은 어려운 문제가 산적해 있다. 하지만 이런 문제 더미에 싸여 있다고 해서 비관적으로 한탄만 해서는 유권자들에게 매력을 줄 수 없다. 유능한 정치가는 이런 상황을 꿰뚫어 보고 그 해결책과 비전을 제시해야 한다.

1980년에 당선된 미국의 로널드 레이건 대통령은 미국 역사상 가장 고령으로 대통령에 당선되었다. 그래서 그의 정적들은 나이를 문제 삼았다. 그렇지만 그는 경쟁자이며 현직이었던 카터 대통령보다 훨씬 더 우세한 낙관성을 보였으며 결국 대통령 선거에서 이겼다. 레이건 대통령의 취임 연설이나 각종 집회 시의 연설을 보면, 역대 어느 대통령보다도 강한 낙관주의의 메시지를 담고 있다.

그의 강력한 리더십과 풍부한 낙관성은 당시 구소련과의 군비 경쟁에서 뒤지고 있던 미국 국민에게 용기와 희망을 주었다. 이후 미국의 대외 정책은 구소련과 경쟁에서 한 치의 양보도 허용하지 않는 강경한 노선으로 일관했고, 이는 구소련 연방이 군비경쟁을 견디다 못해 붕괴하는 결정적 원인이 되었다. 이와 같은 레이건 대통령의 뛰어난 낙관주의 신념에 따른 결과는 그가 1984년 대통령 선거에 재선됨으로써 분명히 증명된 셈이다.

성공하는 사업가가 낙관적인 성품을 가졌다는 사실도 여러모로 증명되고 있다. 경쟁이 치열하고 위험이 곳곳에 도사리고 있는 비즈니스 세계에서 성공한다는 것은 본인의 능력이나 재력 이외에 낙관주의라는 요소를 무시할 수 없다. 성공하는 기업인은 다른 사람들에 비해 낙관적 비전이 뚜렷하다. 그들은 아무리 험난한 고비가 있고 악조건이 가로막고 있어도 이를 헤쳐나가려는 의지와 낙관성이 강하다. 사실상 어려운 여건에서 이들을 버텨 주는 것은 낙관성에 기반을 둔 정신력일 것이다.

비관적 사고가 전제하는 것

더 많은 성취를 이루기 위해 긍정적 사고방식이 필요하다는 점은 널리 인정되어 있다. 긍정적 사고는 무엇이든 되는 방향으로 생각한다. 그래서 그 방향으로 연구하고 노력을 기울인다. 이렇게 긍정적인 방향으로 노력하다 보면 차츰 상황이 호전되고 좋은 기회도 찾아오게 마련이다.

이에 비해 부정적 사고방식은 처음부터 가능하지 않다는 전제에서 시작한다. 그래서 현재 처한 상황에서 장애적인 요인에 집착한다. 그리고 안 되는 요인에 대한 원망과 불평불만이 자신의 의욕을 감퇴시킨다. 그렇기에 무슨 일이든 부정적 사고방식을 가진 사람이 이루기는 어렵다. 긍정적 사고는 성취를 위한 원동력이다. 그러면 긍정적 사고와 낙관주의는 어떤 관계일까? 한마디로 긍정적 사고의 기초는 낙관적 시각이라고 말할 수 있다. 사물이나 상황을 비관적 시각으로 봐서는 절대로 긍정적 사고가 생길 수 없다.

'관점을 바꾼다'는 것은 습관적으로 보아온 시각을 다른 시각으로 보는 것을 의미한다. 사물이나 상황에 대한 시각을 낙관적인 관점으로 보면 자연스럽게 긍정적 사고가 형성된다. 이를 '낙관주의 연습'의 차원에서 살펴보자.

보험 세일즈맨이 보험 주문을 받으러 어느 기관을 방문하는 경우를 예로 들어 보자. 그가 이 기관을 방문하는 데는 다음과 같은 유리한 면과 불리한 면이 있다.

유리한 면

- 이 기관은 기존 회사와의 화재보험 계약이 이번 달에 만료된다.
- 기존 보험에 대해 어느 정도 불만이 있다.
- 아는 사람을 통해 담당 책임자를 소개받을 수 있다.
- 보험 금액이 많다.
- 세일즈맨이 근무하는 보험회사의 지명도가 꽤 있다.

불리한 면

- 기존 보험회사와 10년 이상 유지되어 온 단골 관계다.
- 세일즈맨이 소개받을 책임자가 그 계약의 최종 결정권자가 아니다.
- 기존 보험회사도 어느 정도 알려진 회사다.
- 기존 보험회사가 이미 접촉을 벌였다는 정보가 있다.
- 보험 금액이 큰 만큼 경쟁도 치열할 것이다.

이렇게 유리한 요인과 불리한 요인이 같이 존재할 때, 상황을 해석하는 관점에 따라 행동을 어떻게 취할 것인지가 결정된다.

낙관적인 사람은 불리한 요인은 과소평가하는 대신 유리한 요인은 크게 확대하여 해석한다. 그래서 적극 교섭하기로 결론을 내린다. 이에 비해 비관적인 사람은 유리한 요인은 축소하여 해석하는 반면 불리한 요인은 심각하게 생각한다. 결국, 비관적인 사람이 내리는 결정은 '교섭에 나설 필요가 없다'이다.

세상일에 모든 것을 무조건 낙관적인 입장에서만 해석하여 위험과 비용을 무릅쓰고 감행해야 한다는 뜻이 아니다. 그래서 유연한 낙관주의가 필요하고 상황에 따라서는 냉정한 비관적 판단이 필요하기도 하다.

그러나 많은 경우 부정적인 결정을 미리 내려버려 일어나는 엄청난 손해는 이루 계산할 수 없을 정도다. 실제로 대부분의 사람은 비관적인 성향을 띠고 있어서, 자기도 모르게 상황을 지나치게 불리하게 해석하고 그에 따라 부정적인 결정을 내리고 있다. 이는 우리가 항상 경계해야 할 점이다.

사람들은 매일 많은 뉴스와 정보의 홍수 속에서 살고 있다. 매일 신문과 TV는 수많은 뉴스와 정보를 전해 준다. 이러한 뉴스와 정보를 우리는 어떻게 해석하고 판단할 것인가?

비관주의자들은 그 많은 정보 중에서 불리하고 부정적인 정보에 크게 편중하여 세상은 점점 망해 가는 것으로 전망한다. 물가는 갈수록 오르고, 공해는 심해지며, 교통 문제는 해결 기미가 전혀 보이지 않고, 세금은 해마다 엄청나게 올라서 도저히 이 사회에서는 이상적인 생활을 영위할 수 없으리라 판단한다. 이처럼 비관적 시각에서 보면 부정적인 사고와 판단이 나올 수밖에 없다.

하지만 낙관주의자들은 정보와 뉴스 중에서 부정적인 면은 과소평가하고 긍정적인 면은 크게 본다. 물가가 오르긴 하지만 급료도 따라서 오르고 있으며, 교통 문제는 전 세계 주요 도시의 공통 현상이며, 세금은 전반적으로 오르는 것이 아니라 사치 성향이 높거나 수익이 많은 곳에 치중되어 있고, 아직도 교외로 가면 아름다운 풍경과 맑은 공기가 있다는 사실에 착안한다.

낙관적인 시각에서 보면 긍정적인 사고가 돌아가게 마련이다. 세상을 낙관적인 시각에서 바라보자. 그러면 긍정적인 사고가 저절로 맴돌 것이다.

신념이 이루어 내는 마력

큰일을 이루는 사람은 개인적 신념이 확고하다. 사업가, 정치가, 예술가, 학자, 과학자 등 인생에서 끝까지 목표를 달성하는 사람들은 모두 나름대로 개인적 신념이 투철하다.

이들의 개인적 신념은 어디서 나오는 것일까? 자신의 목표에 대한 신념이 투철한 사람의 공통점은 목표 달성에 대하여 매우 낙관적이라는 점이다. 신념은 목표 달성에 대한 믿음 또는 자기 자신의 능력에 대한 믿음이다. 이러한 믿음은 결국 가능성에 대한 믿음이다. 만일 목표 달성을 불가능하다고 생각하면 절대로 개인적 신념이 나올 수 없다.

흔히 신념은 마력을 가졌다고 한다. 이는 어떤 일을 이루고자 하는 믿음이 투철하면 반드시 이룰 수 있다는 뜻이다. 보통 사람이 생각하기에는 도저히 불가능해 보이는 일도 신념이 확고한 사람은 이루어 낸다. 그래서 성공하려면 신념을 확고하게 가지라고 말한다.

그러면 이러한 신념은 어떻게 가지며 또 어떻게 유지할 것인가? 누구든지 무슨 일을 처음 계획할 때는 희망이 가득하여 신념을 지닐 수 있다. 그러나 이러한 신념과 배치되는 현실적 상황이 발생할 때는 기본적으로 흔들리게 된다. 그래서 의지가 약하거나 비관적인 사람은 처음에 가졌던 신념이 쉽사리 약해져 버린다. 신념이 약한 사람과 신념이 확고한 사람과의 차이는 이런 점에서 생긴다.

아메리카 대륙을 발견한 콜럼버스의 예를 보자. 지구는 둥글며 대양의 끝에는 인도 대륙이 있을 거라는 기대로 콜럼버스 일행은 대서양을 건너는 오랜 항해를 계속한다. 하지만 가도 가도 끝이 없는 바다와 죽음에 대한 공포심 그리고 굶주림으로 선원들은 항해를 포기하고 되돌아갈 것을 강력히 주장하고 반란까지 기도한다. 그렇지만 신념이 투철한 콜럼버스는 이들의 반대에 굴하지 않고 항해를 계속할 것을 명령한다. 이와 같은 콜럼버스의 개인적 신념이 없었다면 그 당시에 아메리카 대륙은 발견하지 못했을 것이다.

이 경우 콜럼버스의 확고한 신념은 어디에 근거한 것일까? 그는 바다 건너에 반드시 대륙이 있다는 낙관적 비전에 기초를 두었다. 만약 그가 이 사실에 대하여 비관적으로 생각했다면 중도에 포기해 버렸을 것이다.

그래서 신념은 낙관적인 비전이 뚜렷한 사람만이 가질 수 있는 심리 상태라고 말할 수 있다. 말하자면 신념은 낙관주의의 대표적인 모델이다.

정치인이나 사업가와 같이 많은 사람의 리더일 때 특히 개인적 신념이 대단히 중요하다. 신념이 없는 정치가는 대중에게 신임을 얻지 못할 것이며, 신념이 약한 사업가는 거센 풍파 속에서 많은 사원이 목표에 매진하도록 독려하지 못할 것이다.

어려운 상황에 부닥쳐 보통 사람들이 좌절하거나 포기할 때도 신념이 강한 사람은 조금도 굴하지 아니하고 목표를 향해 나아간다. 사람은 누구나 자신이 정한 목표를 향해 나아가면서 흔들릴 때가 많다. 이런 상황에서 자신을 버티게 해 주는 것은 낙관주의에 기초를 둔 굳은 신념이다. 따라서 굳은 신념의 소유자가 되려면 낙관주의를 연습해야 할 것이다.

신념이 굳은 사람의 반대되는 유형은 의지가 약하여 쉽게 좌절하는 사람이다. 이렇게 의지가 약한 것은 정신적인 믿음이 없기 때문이며, 이는 결국 마음속에 깃든 비관주의나 부정적인 생각이 작용하기 때문이다. 비관적인 생각은 의지를 약하게 하여 마음에 품었던 계획을 포기하게 하는 가장 커다란 요인이다.

평범한 근면과 인내가 주는 성공

　부지런한 사람이 성공한다는 말은 진부한 듯하지만 진리이다. 언제 어디서나 성공은 평범한 근면으로써 거둘 수가 있다. 높은 지위에 오르거나 거부가 되는 것도 사실은 개인의 근면이 쌓여서 그런 결실을 가져온다.

　그런데 어떻게 하면 보다 근면할 수 있을까? 그리고 근면과 낙관주의는 어떤 관련이 있을까?

　근면함도 낙관주의를 그 바탕에 두고 있다. 부지런함은 몸에 밴 습관 탓도 있지만, 본인의 인내와 노력에 의지하는 면이 많다. 그런데 사람은 희망이 있고 가능성이 있어야 부지런할 수 있지, 비관적인 상태에서는 부지런하기 어렵다. 아침에 일어나서 그날 할 일에 대한 기대와 희망으로 부푼 낙관주의자가 실망과 좌절에 빠진 비관주의자보다 더 부지런하리라는 사실은 긴 설명을 해야 하지 않는다.

　근면하기로 유명했던 나폴레옹도 승리에 대한 낙관적 확신이 있어서 하루 3, 4시간만 자면서도 강행군을 할 수 있었다. 사람은 희망과 낙관적 비전이 있을 때 일하는 것이 즐겁고 힘이 솟아난다.

이에 비해 우울하거나 실망스러운 상태에서는 기력이 떨어지고 의욕이 솟아나지 않아 부지런히 일할 기분이 들지 않는다. 그래서 사람은 가능성과 희망을 먹고 사는 존재라고 한다. 희망이 보이지 않고 실망만 가득할 때는 아무리 부지런하려고 애를 써도 한계가 있다. 근면과 같은 차원에서 이야기할 수 있는 것은 '인내'의 문제다. 근면과 마찬가지로 인내심도 낙관주의와 직접적인 관련이 있다. 희망 없이 참고 견디는 데는 한계가 있다. 사람이 꾸준히 참고 기다리는 것은 장래에 대한 희망이 있어서다. 만일 상황을 비관적으로 본다면 여기서 인내할 힘을 찾기란 어렵다.

희망의 근거는 낙관적인 시각이다. 똑같은 상황에서도 낙관적인 시각으로 희망적인 요소에 집중하는 사람이 있는가 하면, 반대로 비관적인 요소에 편중하는 사람도 있다. 이 경우 누가 더 인내할 수 있을지는 쉽게 이해될 것이다. 마음이 낙관적으로 열려 있다면 상황의 긍정적인 점에 집중할 테고, 그 결과 어려운 상황도 더 잘 인내할 수 있을 것이다. 인내심, 이것은 어려운 일이나 힘든 일을 해나갈 때 필수적으로 요구되는 정신적 힘이다. 무슨 일이든 인내심이 뒷받침되지 않으면 끝까지 성공하지 못한다. 특히 경쟁이 치열하고 모든 여건이 부족할 때 일을 지탱해 주는 것은 인내심이라는 정신력이다.

더욱 더 근면하기 위해서 그리고 더욱 더 인내심을 가지려고 낙관주의를 연습해야 한다. 이는 어른들뿐만 아니라 아이들도 마찬가지다. 공부라는 작업도 근면성과 인내심을 갖추어야 남보다 뛰어날 수 있다. 이런 점에서 아이들에게 낙관주의를 풍부하게 길러 주는 것이 중요하다.

낙관적 창고에 숨어 있는 이상과 아이디어

사람은 꿈이 있어야 생활에 활기가 있다. 꿈이 없는 사람은 희망이 없으며 결과적으로 인생을 시들하게 살 수밖에 없다. 성공하는 사람은 크든 작든 이상理想이 있다. 이런 이상이 힘들고 어려운 고비를 이기게 한다.

이상과 낙관주의는 어떤 관계가 있을까?

이상은 낙관적 시각을 가진 사람에게 보이는 미래에 대한 비전이다. 비관적 사고를 하는 사람은 이상을 품기 어렵다. 비관적 시각을 가진 사람은 항상 눈앞의 현실에만 급급해 한다. 이들은 머리 위에 푸른 하늘이 있음을 알려고 하지 않는다.

이상을 가진 사람은 열정이 있다. 열정은 일을 적극 추진시키는 용광로와 같다. 열정이 있는 사람은 무슨 일을 하든 목표를 향해 정열적으로 매진한다. 이에 비해 열정이 없는 사람은 일을 사무적으로 처리하게 된다.

열정도 낙관주의와 관계가 깊다. 낙관적인 사람은 무슨 일이나 상황을 가능성의 관점에서 보기 때문에 일에 대한 열정이 있어서 그만큼 추진력도 갖추고 있다. 주위에서 자기 일을 정열적으로 밀고 나가는 사람을 유심히 보자. 그들은 한결같이 매우 낙관적인 사람들이다.

또 한 가지 일의 질을 높이는 문제가 있다. 그것은 창의성, 즉 아이디어의 문제다. 비관적인 사람과 낙관적인 사람 중에 누가 더 창의적일까? 비관적 시각을 가진 사람은 무언가 새롭게 바꾸거나 개선하려고 시도하지 않고, 그저 현상 유지하면서 지내고 싶어 한다.

반면, 낙관적인 사람은 무언가 새로운 것을 끊임없이 연구하거나 개발하려고 한다. 그리고 새로운 것, 다른 것에 흥미와 관심이 많다. 사물을 낙관적 입장에서 보면 무언가 발전할 수 있는 새로운 면이 보이는 법이다. 이것이 바로 창의적 아이디어다.

현대사회는 각 분야에서 갈수록 새로운 아이디어를 요구하고 있다. 창의성이 뛰어난 사람은 그만큼 다른 사람보다 앞설 수 있다. 훌륭한 아이디어는 궁지에 빠진 상황을 역전시키는 위력을 가지고 있다. 그래서 창의성이 중시되는 것이다.

그러나 창의적인 사람이 되려면 먼저 낙관적인 시각을 가져야 한다. 이는 마치 망원경을 사용해야 멀리 볼 수 있는 것처럼 낙관주의라는 특수한 시각을 가져야 새로운 면이 잘 보이는 것과 같다.

국가에서의 낙관주의

낙관주의는 개인에게만 유익한 것이 아니다. 회사나 단체, 더 나아가 국가에서도 낙관주의는 비관주의보다 성취 면에서 훨씬 더 유리한 것으로 나타난다.

우선 회사와 같은 집단의 낙관주의가 작용하는 효과를 살펴보자. 비관적인 분위기가 강한 회사는 다음과 같은 현상이 나타난다.

- 미래에 대한 뚜렷한 비전이 없다.
- 새로운 상품 개발이나 시장 개척에 대한 의욕이 없다.
- 간부들이 위축되어 있다.
- 새로운 기획이 환영받지 못한다.
- 직원들의 불평불만이 많다.
- 간부들 상호 간에 내분이 많고 알력이 심하다.
- 공적인 사명감보다 개인적인 이해관계가 우선한다.

이에 비해 낙관적인 분위기가 지배적인 회사의 모습을 보자.

· 미래에 대한 비전이 있다.

· 상품 개발 또는 시장 개척에 대한 열의가 높다.

· 새로운 아이디어나 기획이 환영받는다.

· 간부들의 의욕이 높고 진취적이다.

· 직원들은 성실하며 불평불만이 적다.

· 조직 내에서 단합이 잘된다.

· 직원들의 사명감이 높다.

그러면 회사와 같은 조직의 비관주의와 낙관주의는 어디서 생기는 것일까? 물론 전년도 사업 실적이 높거나 수익이 많았다는 객관적인 증거가 드러날 때는 저절로 낙관적 분위기가 지배한다. 이런 때에는 앞으로 회사가 더욱 발전하리라는 기대감이 직원들 사이에 확산되기 때문이다.

이와 같은 객관적인 사실 외에 간부들이 가진 개인적인 낙관성 수준에 따라 회사의 낙관적 분위기가 좌우되기도 한다. 만일 간부들이 비관적인 성향이 강하면 그 회사는 객관적인 실적에도 비관적인 분위기가 지배하게 된다.

더 나아가 국가의 낙관주의는 어떤 측면에서 측정되고 어떤 영향을 미칠까? 한 나라의 국민도 시대나 상황에 따라 비관주의나 낙관주의

중에 지배적인 생각의 흐름을 가진다. 가령 전쟁을 치르고 있는 국가의 국민은 위기감을 느끼며 경제가 극도로 피폐한 국가의 국민은 절망감을 안고 있는 것과 같다.

그런데 똑같은 상황에서도 국민의 낙관주의 수준에 따라 이를 희망적으로 보는가 하면 반대로 매우 비관적인 것으로 보기도 한다. 이는 지금 처한 현실에 대한 해석에서도 그렇지만 미래에 대한 시각에서도 그대로 나타난다.

개인의 경우와 마찬가지로 국가의 경우에서도 비관적인 분위기보다 낙관적인 분위기가 지배하는 국가가 크게 발전하고 역경도 잘 극복해 낸다. 그런 의미에서 각계의 지도급 인사들은 더 낙관적인 시각으로 여론을 형성하고 이끌어 나갈 필요가 있다.

미국인들의 의식을 낙관주의와 비관주의의 관점에서 비교해 본다면, 그들은 낙관적인 성향이 매우 강하다는 사실을 여러 가지 측면에서 제시할 수 있다.

우선 미국인들의 의식을 대변하고 있는 실용주의를 보면, 이를 구성하는 주요한 요소로 현실의 인정과 낙관성을 들 수 있다. 그들의 낙관성과 긍정적 현실주의는 신대륙에 이주하여 미국을 건국한 초기 이민자들의 고향인 뉴잉글랜드의 기독교에 원천을 두고 있다고 한다. 미국인들의 뛰어난 낙관성은 시민의 밝은 표정에서, TV에 비치는 뉴스진행자의 활기찬 말투에서, 언론에 비치는 논조에서, 미국 정치인의 성향에서 여실히 나타난다.

그리고 이미 통계적으로 증명되었지만, 미국에서는 정치 지도자도 더 낙관적인 이미지를 주는 사람이 더욱 많은 대중의 인기를 얻고 있다. 반면, 미국의 정치 지도자 중에 비관주의에 익숙하거나 비관적인 미래를 이야기하는 사람은 그만큼 대중적인 인기가 떨어진다.

2장
낙관주의가 제공하는 힘

낙관성 주기

'인생을 밝게 살고 싶다'라는 마음은 복잡한 현대사회를 살아가는 사람들의 한결 같은 소망일 것이다. 그러나 많은 사람은 이를 실천하지 못하고 있다. 왜일까?

그것은 많은 경우 회의적인 사고의 습관에 얽매여 있기 때문이다. 우리의 이상이 어떻든 간에 현실은 답답하고 불만일 때도 잦다. 물론 이런 불만 요인은 쉽게 해결되는 수도 있지만 별 뾰족한 해결 방도가 없는 경우도 많다. 불편한 생활환경, 매일 반복되는 단조로운 일과, 별로 나아지지 않는 경제적 문제, 날마다 산더미처럼 쌓이는 집안일, 출퇴근길 교통난에 시달리는 샐러리맨 등 주위를 살피면 멋지고 신이 나는 일보다 단조롭거나 짜증 나는 일이 더 많아 보인다. 이것이 우리의 솔직한 현실이다. 이는 과거에도 그러했고 지금도 마찬가지이며 가까운 미래에도 비슷할 것이다. 이런 생각이 계속되면 곧 우울증으로 발전할 것이다. 그러므로 이런 일상적인 생각의 틀에서 벗어나야 한다.

과연 우리 인생이나 현실은 이렇게 무미건조하고 회색과 같은 나날의 연속일 뿐일까? 그렇지 않다. 마치 계절이 바뀌듯이 일과에도 매일의 변화가 있다. 오늘 친구와 같이 영화를 보러 갈 약속이 있다든지, 옛날 친구와 오랜만에 만나 술 한잔 나눌 약속을 한다든지, 또는 한 달 남은 여름휴가에 해변으로 놀러 갈 계획을 세우든지, 직장에서 자신이 낸 아이디어로 멋진 프로젝트를 구상하든지, 평소에 보고 싶던 소설을 한가롭게 읽든지, 아니면 경치 좋은 곳에 가서 며칠 쉬다 오든지 등 생각하기에 따라 일상생활에 변화를 가져올 요소는 많다. 매일 당신이 살고 있는 나날의 생활을 우울하고 무미건조하게 보내느냐 아니면 밝게 사느냐 하는 것은 전적으로 당신의 선택에 달려 있다. 인생을 밝게 살려면 우울한 생각과 회색의 사고에서 벗어나야 한다. 그리고 날마다 낙관적인 생각으로 채워야 한다. 생활 조건이 남들보다 낫더라도 당신의 생각이 비관적이라면 이는 당신의 생활을 밝게 하는 데 전혀 도움을 주지 못한다. 인생을 밝게 살기 위해서는 낙관주의가 튼튼해야 한다. 개인마다 가지고 있는 낙관성에는 커다란 차이가 있다. 낙관성이 아주 확고한 사람이 있는가 하면 낙관성과 비관성이 자주 교체되는 사람 또는 낙관성보다는 비관성에 휩싸일 때가 많은 사람도 있다.

또 같은 사람이라도 낙관성은 상황과 시간에 따라 자주 바뀐다. 그래서 하루 24시간 중에 우울한 기분이 짙게 드는 시간과 비교적 낙관적인 기분이 드는 시간, 즉 낙관성 주기가 있게 마련이다.

일과별로 기분이 변화되는 과정을 비교해 보자.

아침에 일어났을 때

아침에 일어나 그날 일어날 일에 대한 기대와 흥분으로 몸이 가볍고 기분이 좋은 사람은 매우 낙관적인 사람이다. 이런 사람은 대개 일에 대한 의욕이 많고 건강 또한 양호하다.

이에 비해 잠에서 깨어날 때 몸이 한없이 무겁고 기분이 잔뜩 우울한 사람이 많다. 이들은 그날 할 일에 대한 기대보다는 걱정과 불안감이 앞선다. 아침부터 이런 기분에 휩싸인 사람은 온종일 기분이 우울하고 몸의 상태도 좋지 못하다.

출근할 때

아침에 직장에 출근하면서 또는 하루 일을 시작하면서 기분이 좋아 콧노래라도 부르고 싶은 사람이 있다. 이들은 발걸음도 가볍고 일하고 싶은 의욕도 넘친다. 이렇게 즐거운 기분으로 일하는 사람은 컨디션이 좋고 의욕이 넘쳐서 능률이 높고 창의적 아이디어도 풍부하다.

이에 비해 도살장에 소가 끌려가듯 무거운 걸음으로 직장에 발을 들여놓거나 일을 시작하기 어려울 정도로 기분이 침체된 사람도 있다. 몸과 마음이 일하기 적당하지 않은 조건에서는 능률이 오르기 어려운 것은 당연하다.

다른 사람과 대화할 때

업무를 하다 보면 동료나 상사 또는 외부 사람과 만나 자주 대화를 하게 된다. 이 경우에도 낙관적인 사람과 비관적인 사람은 매우 대조적이다.

낙관적인 사람은 표정이 밝고 다른 사람과의 대화도 긍정적인 방향으로 이끌어 간다. 무엇이든 가급적 가능한 방향으로 이야기하는 것이다. 대화 내용도 부정적인 것보다 긍정적인 일 그리고 미래에 대한 포부와 희망을 강하게 담고 있다. 이에 비해 비관적인 사람은 다른 사람과 만나기를 꺼리는 경향이 있고 대화를 나누더라도 밝고 진취적인 내용보다는 부정적이고 비판적인 화제를 좋아한다. 그래서 자신도 모르게 화제에 심한 비판이나 타인에 대한 비난을 포함하게 된다. 이는 말하자면 본인이 마음에 품고 있는 비관적 생각이 그대로 노출되는 셈이다.

퇴근할 때

일과가 거의 끝날 무렵이면 낙관적인 사람과 비관적인 사람은 크게 차이가 난다. 낙관적인 사람은 할 일이 많은데 시간이 모자라서 안타까운 기분이 들 정도다. 이들은 퇴근 시간이 지난 다음에도 혼자 연구하거나 서류를 검토하는 데 많은 시간을 보낸다. 그리고 많은 분량의 일을 하는 데 비해 그렇게 피곤하지 않다.

반면 비관적인 사람은 오후 시간만 되면 몸과 마음이 지치고 어서

퇴근이나 했으면 하는 기분이 든다. 웬만한 일은 내일 했으면 하는 마음이 큰 데 이어, 퇴근길은 한없이 무겁고 때로는 자신이 한심하고 암담한 기분도 든다.

잠자리에 들 때

그날의 모든 일과가 끝나고 잠자리에 들 때 어떤 기분 상태가 되는가 하는 것은 매우 중요하다. 이는 단순히 심리적 문제뿐만 아니라 건강 문제와도 직결되어 있다.

비관적 성향의 사람은 무언가 불안하고 답답한 기분에 마음이 후련하지 못하고 즐겁지가 않다. 그래서 바로 잠들지 못하고 밤늦게까지 TV 프로를 보거나 이리저리 뒤척이면서 잠을 설친다. 이런 상태가 계속될수록 무언가 불안한 기분이 엄습하여 깊은 잠을 이룰 수 없어진다.

이에 비해 낙관적인 사람은 그날 일과가 아주 잘 끝난 데 대하여 만족한 기분으로 제시간에 잠자리에 들고 또 깊은 잠에 빠진다. 이들은 다음 날 일어날 여러 가지 좋은 일에 대한 기대가 가득한 채 잠자리에 든다.

하루의 각 시간대에 따라 당신의 마음 상태는 어떤가? 만일 당신의 마음 상태가 자주 비관적인 반응을 보인다면 당신은 낙관주의를 더욱 튼튼하게 강화할 필요가 절실하다.

인생을 밝게 산다는 것은 하루 24시간 중에 많은 시간을 낙관적 심리 상태에서 보내는 것을 말한다. 이런 상태에 도달하기 위해서는 선천적으로 매우 낙관적인 성품의 사람이 아니라면 평소에 낙관 주의 연습을 꾸준히 해야 한다.

아이에 대한 어른의 책임

아이든 어른이든 가정 분위기는 대단히 중요하다. 가정이 우울하고 병들면 그 안에서 살고 있는 가족 구성원도 자연히 그 분위기에 따라 가라앉게 된다. 따라서 가족이 밝은 인생을 살아가려면 무엇보다 가정 분위기가 밝아야 한다. 우선 어떤 경우에 가정 분위기가 우울해지는지 예를 들어 보려고 한다.

- 가장이 집에 들어올 때 기분이 좋지 않거나 우울한 표정일 때
- 부부간에 불화와 불만이 노출되어 다툼이 잦을 때
- 가족 간에 심한 의견 대립이 있을 때
- 가족 간에 충분한 대화가 없을 때
- 대화 내용이 늘 비판적이거나 불만이 많을 때
- 가족 간에 민주적이지 못하고 강압적일 때
- 가족의 전반적인 사고방식이 부정적일 때
- 가족의 성격이 우울할 때

이에 비해서 밝은 분위기의 가정을 살펴보자.

- 가족이 서로 원만할 때
- 부부간에 애정이 깊고 서로 신뢰할 때
- 가족의 성격이 낙천적일 때
- 경제적 조건에 큰 어려움이 없을 때
- 가족 간에 대화가 많을 때
- 가장의 성격이 밝을 때
- 어머니의 성격이 명랑하고 친화적일 때

우울한 가정과 밝은 분위기의 가정을 비교해 보면 결정적으로 다른 점은 가족 구성원들의 성격이다. 가족의 성격이 밝고 명랑하면 그 가정의 분위기는 웃음이 많고 밝다. 그러나 가족의 성격이 전반적으로 우울하거나 어두우면 집 안에 웃음이 없고 삭막하기까지 하다.

특히 가정 분위기를 결정적으로 좌우하는 것은 아빠와 엄마의 역할이다. 이들이 성격적으로 우울하거나 비관적이면 전체 가정 분위기가 어두울 수밖에 없다. 부모가 매사에 불평불만이 많고 비관적이면 아이들은 그 영향을 심각하게 받게 된다. 또 직장에서 귀가하는 아빠의 잔소리가 심하고 엄마와 자주 다투면 그 가정의 분위기는 역시 살벌할 수밖에 없다.

물론 성격은 습관적으로 굳어진 제2의 천성이어서 어쩔 수 없다고 여길 수도 있다. 하지만 낙관주의 연습의 입장에서 보면 개인의 기분이나 성격은 세상을 보는 시각에 따라 달라지는 것이다. 다시 말하면 세상을 비관적으로 보는 시각을 낙관적으로 바꾸면 기분이나 태도가 달라지지 않을 수 없다.

밝은 가정 분위기는 대단히 중요하다. 햇빛이 잘 드는 온실에서는 모든 화초가 병 없이 무럭무럭 자라듯이, 가정 분위기가 밝아야 어른도 건강하고 아이들도 티 없이 밝은 성격으로 자라난다. 그런데 밝은 가정 분위기는 저절로 이루어지는 것이 아니다. 가족이 서로 낙관적인 시각을 갖고 세상을 밝고 희망적으로 보아야 가정이 밝아진다.

특히 아이들의 성격이 비뚤어지거나 우울해지는 것은 거의 전적으로 어른들의 책임이다. 부모는 가정 분위기에 대하여 아무런 노력 없이 되는 대로 방치해서는 안 된다. 가정 분위기가 어두우면 아이들은 정신적으로 병들고, 어른들의 건강도 상하거나 삶의 의욕이 떨어져 무기력해진다.

이런 점에서 밝은 가정 분위기를 만들기 위해 가족이 서로 노력해야 하며, 특히 가족의 낙관성 수준을 높이는 다음과 같은 방법을 생각해 보아야 할 것이다.

- 가장인 아버지의 낙관성이 보다 높아져야 한다.

- 엄마가 명랑하고 낙천적이어야 한다.

- 아이가 시무룩하게 풀이 죽어 있을 때는 밝게 만들어 주어야 한다.

- 어느 가족 구성원이 우울할 때는 기분을 전환해 주어야 한다.

- 아이들의 표정이 밝은지 늘 확인해 보아야 한다.

- 개인적으로 우울한 기분을 다른 가족에게 전파하지 말아야 한다.

- 가정에 웃음소리가 자주 나야 한다.

- 가족 간의 대화는 가급적 밝은 내용으로 즐겁게 한다.

청소년들이 경험하는 자기 학대

사회가 문명화될수록 자살하는 사람의 수는 증가한다고 한다. 현대사회에서도 자살하는 사람의 수가 갈수록 증가하고 있다.

자학은 자살의 전 단계라 할 수 있는 심각한 증세다. 자학 증세는 자신의 가치에 대한 부정에서 온다. 이는 자신의 가치에 대하여 비관적인 판단을 하는 데서 비롯된다.

사람들은 일상을 살아가면서 기대했던 일을 이루지 못하거나 요구했던 일이 거절당하는 경우를 반복적으로 겪게 마련이다. 어떻게 보면 원했던 대로 되는 일보다 안 되는 일이 더 많은 것이 우리의 현실이다.

이때 제대로 되지 못한 일에 관한 책임을 전적으로 자기에게로 돌리면 점차 자신의 가치에 대한 회의가 짙어진다. 반복되는 실수나 거듭되는 실패는 잘못하면 자신을 지나치게 꾸짖거나 괴롭히는 자학으로 가기 쉽다. 이는 비관주의의 극단적인 사례라고 할 수 있다.

이런 사람들은 다음과 같은 증상을 띠고 있다.

- 잘못된 일은 모두 자신의 탓이라고 생각한다.
- 자기 자신의 능력이나 가치에 대하여 불신하고 있다.
- 다른 사람이 자신을 심하게 비난할 거로 생각한다.
- 자기 마음을 털어놓거나 위로해 줄 사람이 없다고 생각한다.
- 실수나 실패의 영향이 영원히 계속될 거라고 여긴다.
- 다른 사람은 멀쩡한데 자기만 계속 잘못되고 있다고 생각한다.
- 다른 사람이 하는 평범한 말도 스스로 불리하게 해석한다.
- 사소한 일에도 마음의 상처를 크게 받는다.
- 마음이 우울하고 표정은 어둡다.
- 다른 사람과 재미있게 어울리기 싫어한다.

자학과 자살은 현대사회의 심각한 병이다. 문명화될수록 인간은 정신적으로 고립되고 자기 뜻대로 이루어지지 않는 현실에 대하여 자신을 학대하는 증상에 빠지기 쉽다. 이런 증상의 뿌리에는 지금까지 보아 온 바와 같이 심각한 비관주의가 자리 잡고 있다.

이런 증상은 특히 10대 청소년에게 위험하다. 청소년들에게 비관성은 심각한 영향을 미친다. 세상 경험이 아직 적은 반면 외부 환경에는 아주 민감한 이들이 비관적 시각을 가지면 그 부작용은 더욱 증폭되게 마련이다. 그래서 세계 각국에서 10대들의 자살률이 갈수록 높아지고 있다.

청소년들이 겪고 있는 정신적 부담감은 다음과 같은 것이다.

'성적이 제대로 오르지 않는다. 이러다가 나만 낙오되는 것 아닐까?'

'날씬해지고 싶은데 몸무게가 갈수록 늘고 있다. 난 날씬해지기는 틀린 것 같아.'

'난 머리가 나쁜 게 아닐까? 도무지 정신 집중이 되지 않아.'

'선생님은 왜 나만 보면 못마땅한 눈치실까?'

'내 고민을 털어놓을 사람도 없고, 이해해 줄 사람은 아무도 없을 거야.'

'부모님은 왜 맨날 남과 비교하고 혼내기만 할까? 날 미워하는 것은 아닐까?'

일단 비관적인 시각에 빠지면 그 정도는 갈수록 악화되기 쉽다는 점에 유의해야 한다. 그러므로 어른들은 아이들이 비관적인 생각에 빠지지 않았는지 유심히 관찰해야 한다. 어른들이 무관심한 상태로 있는 사이에 아이들의 비관성은 갈수록 심화되고 점점 고립되기 시작한다. 이런 상태가 되기 전에 아이들의 비관주의를 낙관주의로 바꾸어 주어야 한다.

특히 아이들은 학교 공부에서 뒤떨어질 때 심한 자책감에 빠지기 쉽다. 이런 상황에서 아이들을 진정으로 이해하고 위로해 줄 수 있는 사람은 부모밖에 없다. 이 경우 부모가 무관심하거나 자주 꾸짖으면 아이들은 정신적으로 방황하기 시작한다. 이들을 따뜻하게 위로하고 그 마음을 잡아 주어야 한다.

실제로 많은 부모는 이럴 때 어떻게 아이들을 도울 수 있는지 그 방법을 잘 모른다. 그리고 무조건 혼내거나 무시하기가 쉽다. 이는 절대로 좋은 방법이 못 된다.

아이들은 원래 세상을 밝게 보는 눈을 가졌다. 그러나 아이들도 갖가지 스트레스를 받고 있다. 그래서 어른들이 이해하기 어려운 고민에 빠질 때가 많다. 이렇게 상황이 좋지 않을 때 이를 현명하게 극복하지 못하면 비관적인 습성에 빠지게 된다.

아이들은 절대적으로 밝게 자라야 한다. 그들에게 낙관주의를 심어 주어야 한다. 이들이 밝게 자라기 위해서는 낙관주의라는 정신적인 힘을 길러 주어야 한다. 아이의 표정과 행동에서 그늘이 없고 밝을 때 몸과 마음이 튼튼하게 자랄 수 있다.

역경의 끝에서 하는 선택

인생을 살아가면서 우리는 크고 작은 역경을 피할 수 없다. 이런 역경에 어떻게 대응하느냐에 따라 그 사람의 운명이 달라진다.

사람이 역경을 만나서 반응하는 정도는 그 사람이 가진 낙관성이나 비관성의 정도에 따라 다르다. 비관적 성향의 사람은 작은 역경을 만나도 쉽게 좌절하거나 절망감에 빠진다. 비관주의자들은 이렇게 생각한다.

'또 이런 불운을 당하다니. 난 정말 운도 지독히 없지 뭐야. 이젠 끝장이야. 누구도 나를 더는 좋게 생각하지 않을 거야. 난 정말 어떻게 해야 하지?'

'난 능력이 없는가 봐. 아무리 노력해도 안 되는 걸 어떻게 해. 이젠 힘도 빠지고 지쳐서 도저히 더는 해볼 재간이 없어.'

'난 이제 구제 불능이야. 이런 상태에서 신용을 회복한다는 건 어려워. 이제 이 일은 포기할 수밖에 없어.'

이에 비해 낙관적인 사람은 자신이 처한 역경을 다음과 같이 생각한다.

'또 이런 일을 당하기는 했지만 그렇게 치명적인 것은 아니야. 일하다 보면 이런 실수도 있는 게 아니겠어? 내가 뭐 신神인가?'

'이번 실패는 순전히 재수가 없어서 그런 것뿐이야. 내 능력만큼은 했다고. 이런 일로 내가 가슴 아파할 것도 없어. 시간이 지나면 잊힐 거야.'

'다른 사람에게 신용이 좀 떨어지긴 했지만 뭐 그리 심각한 건 아니라고. 난 다시 회복할 수 있어. 오히려 이번에 실수한 일이 좋은 경험이 될 수 있어.'

똑같은 역경을 당해도 이를 해석하는 견해는 상반된다. 비관적인 사람은 그 역경이 아주 심각하고 치명적이며 영구적으로 지속될 것으로 생각한다. 이에 비해 낙관적인 사람은 이를 매우 가볍고 일시적이며 쉽게 회복할 수 있는 것으로 생각한다. 말하자면 낙관적인 사람은 어떤 경우에도 희망을 찾아내는 데 비하여 비관적인 사람은 절망에 빠진다. 이런 차이는 사소한 것 같지만 실은 정반대되는 결과를 가져온다. 즉, 낙관적인 사람은 다시 일어나 다음 기회를 향해 나아가는 데 비하여, 비관적인 사람은 상황을 과대평가하여 스스로 좌절하고 실망의 늪에 빠진다. 한 사람이 인생에서 승리할 가능성은 얼마나 될까?

인생을 살아가면서 우리가 희망하고 계획한 만큼이나 많은 실망과 좌절을 겪는다고 보아야 한다. 이런 크고 작은 역경에 반응하는 태도는 그 사람의 인생에 결정적으로 큰 영향을 미친다. 낙관적인 사람은 털고 일어나 가던 길을 다시 나아가지만, 비관적인 사람은 좌절의 늪에 빠져 허덕이고 만다.

낙관주의는 무엇보다도 자신이 처한 역경을 긍정적이고 희망적으로 해석하는 힘을 제공한다. 사람은 누구나 희망이 보일 때 다시 일어서는 법이다.

당신은 크고 작은 역경을 당했을 때 어떤 반응을 보이는가? 이때 상황을 사실 이상으로 확대하여 해석하지는 않는가? 작은 일을 가지고 세상이 끝난 것처럼 심각하게 고민하지는 않는가? 누구나 있을 수 있는 실수를 혼자만 한 것처럼 마음 졸이지는 않는가? 다른 사람은 거의 신경 쓰지 않는 일을 세상 사람들이 모두 손가락질하고 있다고 부끄러워하지 않는가?

비관주의는 심각한 병이다. 그러나 현대인은 자기도 모르게 이 병에 걸리고 있다. 현대사회는 갈수록 경쟁이 치열하고 그만큼 개인적으로 역경을 만날 기회가 많다. 자신이 처한 상황을 절대로 과대평가해서는 안 된다. 이런 불리한 상황이 장기간 계속된다고 생각할 필요도 없다. 바쁘게 돌아가는 현대사회에서는 역경을 자주 만난다고 생각하자. 그리고 자신이 만나는 역경을 가볍게 생각하며 낙관성의 힘을 발휘하자. 당신이 가진 낙관주의는 이 경우에 가장 믿을 만한 힘이 되어 줄 것이다.

건전한 취미 생활이라는 충전재

낙관주의는 인생을 밝고 긍정적으로 살아가는 데 중요한 힘이 된다. 그러면 어떻게 낙관성 수준을 더욱 높일 수 있을까?

일차적인 방법으로는 나쁜 상황을 당할 때마다 상황을 '일시적' 혹은 '국한적'으로 해석하거나 또 '외부적 조건'에 따른 것임을 분명히 함으로써 비관적으로 생각하는 습성에서 벗어날 수 있다.

그러나 더 적극적으로 생각해 보면, 생활에서 더 밝고 즐거운 시간을 많이 가짐으로써 낙관주의를 체질화할 수 있다. 생활에서 밝고 즐거운 시간을 많이 가지면 어둡고 침울한 기분을 바꿔 주고, 이에 따라 세상을 보는 시각도 바뀐다.

이를 위해서는 건전한 취미 생활을 하는 것이 한 가지 방법이다. 취미란 자신이 좋아하는 활동이며, 자기가 좋아하는 활동을 하는 시간에는 마음이 어둡고 침울할 수 없다. 자신이 좋아하는 취미 활동을 발견하자. 그것이 독서든 음악 감상이든 사냥이든 낚시든 무엇이나 상관없다.

흔히 성공하는 사람은 할 일이 너무나 많아서 취미 활동은 생각할 수 없다고 이야기하기도 한다. 그러나 사람은 기계가 아니며 상황에 따라 민감하게 반응하는 심리적 존재다. 그리고 마음이 긍정적인가 부정적인가 또는 낙관적인가 비관적인가에 따라 그 태도와 행동도 달라지게 마련이다. 마음속에 항상 낙관적인 상태를 유지하도록 하자. 그 낙관주의의 정도가 높을수록 인생을 더욱 성공적으로 살아갈 수 있다. 자기가 좋아하는 취미 활동도 이런 측면에서 생각할 수 있다.

음악을 좋아하는 어느 사업가는 집에 있는 시간에는 항상 자기가 좋아하는 음악을 입으로 흥얼거리는 습관이 있다. 그는 아무리 짜증 나는 일이 있어도 좋아하는 음악을 흥얼거리다 보면 짜증이 저절로 사라진다고 한다. 자신이 좋아하는 취미 활동에 몰두해 있으면 자연적으로 마음속에는 즐거움과 만족감이 샘솟게 된다. 온종일 일만으로 짜인 일정 속에서 살아가는 것은 현명한 방법이 아니다. 사람은 때로 일과에서 벗어나 일상의 기분을 전환하는 면이 있어야 한다.

사회가 선진화되고 국민소득이 높아질수록 여가시간을 많이 갖는 것은 곧 이런 이유 때문이다. 여가를 즐기거나 오락에 참여하는 것은 단순한 시간 낭비가 아니다. 이것은 기분을 전환해 주고 에너지를 재충전해 준다. 말하자면 이는 생산적인 시간 보내기다. 이를 낙관주의 연습의 입장에서 보면 취미나 오락 활동을 통해서 위축된 낙관주의를 회복하고 낙관주의를 더욱 더 튼튼하게 해 준다.

개인마다 낙관주의나 비관주의의 정도는 고정된 것이 아니다. 하루 24시간 중에도 마음은 상황에 따라 자주 바뀌게 마련이다. 아침에 일어나서 컨디션이 좋지 않을 때는 비관적인 생각이 들다가도 사무실에 출근하여 반가운 뉴스를 몇 가지 듣고 나면 금방 기분이 낙관적으로 바뀌는 경우를 우리는 자주 경험한다.

중요한 점은 평소에 높은 낙관주의 수준을 유지하도록 자신을 잘 관리하는 것이다. 그래서 비관적인 생각이 마음속에 스며들지 못하게 주의하고, 낙관적인 생각은 최대한 많이 형성되도록 노력해야 한다. 이런 점에서 주말에 건전한 취미 활동을 하면 낙관주의를 더욱 튼튼하게 만드는 데 효과적이다.

특히 가정 내에서 부모가 건전한 휴식으로 분위기를 밝게 만들면 아이들의 낙관성도 훨씬 좋아진다. 주중에는 가족 구성원이 각자 직장 일과 가사로, 또 아이들은 학교 공부에 시달리느라 스트레스가 늘어나고 비관주의에 빠지기 쉽다. 따라서 주말에는 가라앉은 분위기를 낙관주의로 전환해 주는 일이 필요하다.

여기서 한 가지 유의할 점은, 여가를 보내거나 오락에 참여하는 것을 단순한 흥미로 보지 말고, 비관주의를 없애고 낙관성을 강화하는 연습 코스로 생각하면 좋다는 점이다. 낙관성 수준을 높여 두면 그것은 여러모로 유익하다.

취미 활동을 통해서 낙관성을 높이고자 한다면 다음과 같은 점을 생각해 보자.

• 하루에 30분에서 1시간 정도 자기가 좋아하는 활동을 할 수 있는가?

• 그 활동을 하는 동안에 마음이 즐거워지는가?

• 마음이 불안하거나 짜증스러울 때 이런 활동으로 해소되는가?

• 콧노래를 부르며 즐겁게 일할 기분으로 전환되는가?

• 비관적인 생각이나 우울증이 취미 활동으로 사라지는가?

• 이런 활동이 생활 습관으로 고정되었는가?

• 가족에게도 이런 활동을 권하는가?

부정적 생각을 비판하자

우리는 인생을 살아가면서 원하지는 않지만, 실패라는 불운을 맞을 때가 간혹 있다. 승진에서 탈락, 대학 입시의 실패, 이혼, 뜻밖의 사고, 사랑하는 이의 배신 등 자신이 원하지 않는 실패가 많은 사람을 괴롭힌다.

이렇게 크고 작은 실패를 당했을 때 여기에 대응하는 태도는 개인이 가진 정신력이나 낙관성의 수준에 따라 크게 다르다. 비관적인 사람은 이런 상황에서 다음과 같이 반응한다.

'난 이제 희망이 없어. 내게 남은 건 깜깜한 절망뿐이야.'

'이젠 동료보다 훨씬 낙오되고 말았어. 더는 이 직장에서 일할 마음이 없어져 버렸어.'

그러나 낙관성이 강한 사람은 이런 때에도 완전히 절망하지 않고 마음 상태를 회복하려고 시도한다.

'실패한 건 사실이야. 마음이 아픈 것도 어쩔 수 없어. 하지만 살아가면서 성공만 할 수 있을까? 너무 실망하지 말아야지.

'사랑하는 사람을 잃은 건 정말 가슴 아픈 일이야. 하지만 언제까지나 실망에 빠져 있을 수는 없잖아. 시간이 지나면 마음의 상처가 아물겠지.'

'불의의 사고로 다치기는 했지만 그래도 목숨을 잃지 않은 게 어디야. 난 다행으로 생각해야 할 거야. 요즘은 사고로 다치는 사람이 너무 많아. 정신을 좀 차리고 다시 일하도록 해 봐야지.'

일생을 살아가면서 한 번도 실패하지 않거나 사고를 당하지 않으면서 사는 사람은 없을 것이다. 어차피 생활은 갖가지 실수나 실패를 겪으면서 이어지게 마련이다. 그러나 중요한 점은, 이미 실패를 했거나 사고를 당한 것은 과거의 일이며 여기서 헤맬 것이 아니라 다시 일어서야 한다는 것이다.

이런 상황에서 비관주의자와 낙관주의자 중에 누가 강한가? 물론 낙관주의자가 정신적 고통을 이겨 내는 데 훨씬 강하다. 이것은 다음과 같은 점에서 그러하다.

- 낙관주의자는 실패를 심각하게 생각하지 않는다.
- 낙관주의자는 좌절의 순간에도 희망적인 면을 찾아낸다.
- 낙관주의자는 다른 사람도 이런 실패를 겪는다고 생각한다.
- 낙관주의자는 절망 뒤에는 늘 희망이 찾아온다고 믿는다.
- 낙관주의자는 자신을 신뢰한다.

인생에서 나쁜 상황을 만났을 때는 낙관주의 연습의 기법에 따라 실망에서 빨리 벗어나는 것이 가장 현명하다. 당신이 이런 상황에서 우울증에 빠지거나 방황할수록 정신력은 더욱 약해진다. 이런 상황에서는 반박 논법에 따라 당신 내부의 부정적 생각을 과감하게 비판하자. 다같이 나쁜 상황에서도 낙관성이 높은 사람은 크게 상심하지 않고 거뜬하게 희망과 의욕을 되찾는다.

살아가면서 실수하거나 심각한 실패를 겪지 않으면 그보다 더 다행한 일은 없다. 하지만 이런 상황을 만나도 어려운 국면을 헤쳐 나가는 저력이 필요하다. 연습된 낙관주의는 이런 점에서 큰 힘이 되어 줄 것이다.

낙관주의는 왜 끊임없이 연마해야 하는가

사람들이 이 세상을 행복하고 성공적으로 살아가려면 어떤 능력을 갖추어야 할까? 아마 상식적으로 생각할 수 있는 점은 지식, 경제력, 학력, 그 외 운과 같은 것이다. 그러나 이런 요소를 갖추었더라도 비관적인 인생관을 갖고 있다면, 그 사람은 절대로 행복한 생활을 영위할 수 없다. 이런 점에서 낙관주의는 그 자체로서 하나의 커다란 힘이 아닐 수 없다.

여기서 중요한 점은 낙관주의를 연마하여 자신의 힘으로 간직하는 것이다. 낙관주의는 끊임없이 연마해야 하는데, 그것은 낙관주의가 진정으로 힘이 되려면 자신의 습성으로 고정되어야 하기 때문이다.

성공하는 사람, 자신의 인생을 행복하게 꾸려 가는 사람의 가장 큰 특징은 낙관주의를 가졌다는 점이다. 당신의 낙관성은 과연 어느 정도인가? 낙관성 테스트에 나타난 수치로 당신의 낙관성은 측정될 수 있다.

하지만 이러한 테스트를 거치지 않더라도 당신은 상황에 따라 자신의 낙관성이 어떻게 변하는지 느낄 수 있다. 그 인식은 다음과 같은 기준으로 가능하다.

- 현재 처한 상황에 대한 해석이 얼마나 낙관적 혹은 비관적인가?
- 상황에 대응하기 위한 자신의 능력이나 두뇌를 어느 정도 신뢰하는가?
- 미래에 대한 전망이 어느 정도 낙관적 혹은 비관적인가?
- 자신의 언어 습관, 특히 상황이 불리할 때 사용하는 변명이 낙관적인가 아니면 비관적인가?
- 자신의 인생이나 직업 또는 처해 있는 환경에 대하여 비관적인가 아니면 낙관적인가?

자신의 낙관성 수준을 향상하기 위해서는 항상 자신의 심리 상태를 확인하여, 비관적이거나 낮은 수준의 낙관성일 때에는 더 높은 수준의 낙관성으로 바꾸어야 할 것이다. 이를 위해서는 다음과 같이 하루 세 번 이상 자신의 낙관성 상태를 점검해 보면 도움이 된다.

아침에 일어나서

그날 할 일에 대한 부정적이거나 비관적인 생각을 낙관적인 생각으로 바꾸어 놓아야 한다. 아침부터 비관적인 생각으로 우울한 상태에 빠져 있으면 온종일 무거운 기분이 유지된다. 아침에 활기차고 낙관적인 생각을 해야 하루 일을 힘차게 시작할 수 있다.

낮 시간에

누구나 낮 시간에는 한참 자기 일에 몰두해 있을 때다. 일하다 보면 맥이 빠지고 비관적인 생각이 들 때가 한두 번이 아니다. 그렇지만 자신이 하는 일에 대해서는 끊임없이 비관적 시각을 낙관성으로 바꾸어야 한다.

무슨 일이든 능률적으로 처리하려면 낙관적인 시각이 뒷받침되어야 한다. 이런 점에서 일하며 비관적인 생각에 빠지지 않도록 자신을 독려할 필요가 있다.

저녁 시간에

저녁 시간은 대개 온종일 쌓인 피로가 몰려들어 신체적 컨디션이 나빠짐과 동시에 심리적으로도 비관적인 생각에 빠지기 쉽다. 따라서 이 경우에는 휴식을 취하면서 서서히 낙관적인 생각을 회복하도록 노력하는 것이 좋다.

그러나 많은 사람은 이런 시도를 하지 않은 채 불안하고 우울한 기분을 달래려 밤늦게까지 술을 마시거나 TV에 매달려 있다. 이는 불안하고 울적한 기분을 더욱 가중할 뿐만 아니라 다음 날 아침 기분까지 무겁게 만드는 원인이 된다.

자기 자신과의 솔직한 대화

낙관성 수준을 높이기 위해서는 자기 자신과 어떻게 대화하는지에 먼저 관심을 두어야 한다. 사람은 항상 자신의 내심內心과 대화를 나누고 있다. 그 대화 내용이 비관적인가 아니면 낙관적인가에 따라 비관주의와 낙관주의가 결정된다고 해도 과언이 아니다.

자신과 나누는 대화의 내용을 살펴보자. 우선 비관적인 사람이 자신과 나누는 대화는 다음과 같다.

'난 안 돼. 뭐 하나 제대로 하는 게 없잖아.'

'내가 그 일을 잘 해낼 수 있을까? 아니야, 어려울 것 같아. 나는 한 번도 그런 일을 해 본 적이 없거든.'

'난 외모에 자신이 없어. 그래서 사람 만나는 것이 두려워. 실제로 내가 만난 사람 중에 나를 좋아하는 사람은 많지 않았어.'

이에 비해 낙관적인 사람이 자신과 나누는 대화를 살펴보자.

'내가 이 일을 잘할 수 있을까? 잘 해낼 거야. 전에도 이런 일을 거뜬히 처리한 적이 있잖아. 문제없어.'

'오늘은 일이 잘 풀릴까? 괜찮을 것 같아. 모든 일이 순조롭게 진행되고 있어.'

'나는 유능한 사람일까? 꽤 능력 있다고 나와 일해 본 사람들이 말하고 있잖아. 실제로 내가 잘 해낸 일도 많아. 스스로 생각해도 능력이 있다고 생각해.'

사람의 실체는 자기 자신, 즉 자아自我이다. 외부의 상황이나 다른 사람을 평가하는 일도 자아의 시각을 통해서 이루어진다. 그리고 자기 자신의 능력이나 가치 또는 현재 처해 있는 현실에 대한 판단 기준이 낙관적인가 아니면 비관적인가 하는 것도 결국은 자아라는 실체에서 비롯된다.

이 자아에는 이미 습관적으로 어느 정도 굳어진 고정관념이 있다. 그렇다고 이 고정관념이 전혀 변화되지 않는다는 뜻은 아니다.

사람은 자기 자신과 끊임없이 대화를 나누고 있다. 좋은 일이든 궂은 일이든 사람은 자기 자신과 각양각색으로 대화하면서 생각을 만들어 간다. 이 대화의 내용이 낙관적이면 그 사람은 낙관적인 사고방식을 가졌다고 단정할 수 있으며, 반대로 비관적이면 그 사람은 비관적인 사고방식의 소유자라고 할 수 있다. 그만큼 자신과의 대화가 중요하다.

이런 점에서 낙관주의 연습도 기본적으로는 자신과의 대화에 기초하고 있다. 이 책에서 낙관주의와 비관주의의 기준으로 삼고 있는 '언어 습관'도 실은 자신과의 대화가 외부로 표현되는 것이다.

바깥으로 표현되는 말이란 내심內心의 발로이며 또한 자기 자신과 나누고 있는 대화의 노출이다.

따라서 자신이 가진 비관주의를 낙관주의로 바꾸려면 끊임없이 자신과 나누고 있는 대화가 낙관적이 되도록 유의해야 한다. 자신도 모르게 비관적으로 대화가 진행될 때는 즉각 반박 논법에 따라 비판하면서 이를 낙관적으로 바꿔야 한다.

이럴 때 자기 내부에 자신이 아닌 제3자가 별개로 있다고 가정하고 그 제3자와 논쟁을 벌이는 것이 효과적인 반박 논법의 기술이 될 수 있다. 어떤 상황에서든 자기 자신과 나누는 대화가 낙관적으로 전개되도록 주의를 기울이는 것이 낙관주의 연습의 요체라 할 것이다.

낙관적 조건

　인생을 살아가면서 어느 모로 보나 낙관적인 삶이 훨씬 더 유익하고 행복하다는 것은 두말할 여지가 없다. 그러나 현실적으로 많은 사람이 비관적인 생각의 노예가 되어 고민과 우울증으로 나날을 보내고 있다. 누구든지 비관적인 생각이 가져오는 심각한 결과를 안다면, 더 낙관적인 삶을 원하는 것이 당연하다.

　구체적으로 더 낙관적인 사람이 되려면 어떤 유형이 되어야 할까? 우리가 생활에서 겪는 각 상황을 예시하면 그 유형이 선명해질 것이다.

현실에 대한 해석에서

　당신이 처해 있는 갖가지 현실, 예를 들어 직장, 가정, 가족 관계, 하는 일 등에 대하여 스스로 어떤 해석을 하고 있는가? 당신은 이를 긍정적이며 희망적으로 생각하는가, 아니면 부정적이거나 비관적으로 해석하는가?

어떤 현실적 상황이든지 긍정적인 면과 부정적인 면을 복합적으로 갖추고 있다. 당신이 낙관적인 사람이 되기 원한다면 부정적인 면은 대폭 축소해 보고, 반대로 긍정적인 면은 최대한 확대해 보자.

아무리 어렵고 나쁜 상황에서도 자세히 관찰하면 희망적이거나 긍정적인 면은 있게 마련이다. 이런 점에 착안하여 당신의 낙관적 상상력을 발휘하자.

자신의 가치나 능력에 대하여

낙관적인 사람이 되려면 우선 자신의 가치를 소중하게 인정하는 동시에 자신의 능력을 스스로 신뢰해야 한다. 자신의 가치를 인정하지 않고 자신의 능력을 신뢰하지 않는 사람이 낙관적인 사람이 되기는 어렵다.

낙관성이 뛰어난 사람들은 한결같이 자신의 능력에 대한 믿음이 강하다. 자신을 스스로 대단한 사람이라고 존중해야 낙관적인 사고를 할 수 있다.

자신의 운運을 믿는 것도 일종의 자신에 대한 믿음이다. 유능한 인물들은 대부분 운명의 신이 항상 자신을 밀어준다고 믿고 있다.

미래의 전망에 대하여

낙관적 인물이 되려면 자신의 미래에 대한 희망과 포부가 확실해야 한다. 뚜렷한 전망이 없더라도 자신의 희망이 반드시 이루어지리라고 믿는 것이 중요하다. 미래에 대한 희망이나 포부가 없는 사람이 낙관적 사고를 하기는 힘들다.

자신의 미래뿐만 아니라, 지금 처해 있는 상황의 결과에 대해서도 희망적인 전망이 있어야 한다. 낙관적인 사람은 다른 사람들이 모두 절망해 있을 때도 미래의 희망을 발견해 내는 데 뛰어난 특징을 가졌다.

자기 자신과의 대화에서

낙관적인 사람은 자기 자신과 끊임없이 나누는 대화에서 대단히 낙관적이고 긍정적이다. 설령 상황이 나쁘더라도 그에 대한 부정적이고 비관적인 생각에 대해서는 철저히 논박을 벌인다.

혼자서 하는 독백이나 마음속으로 나누는 대화가 밝고 낙관적이어야 진정으로 낙관적인 사람이라고 할 수 있다. 쉴 새 없이 자신을 나무라거나 지나간 실수에 대하여 자신을 책망하는 사람은 낙관적 사고를 하기 어렵다.

타인과의 대화에서

낙관적인 사람은 항상 다른 사람과의 대화를 밝고 긍정적인 화제로 이끌어 간다. 설령 상대방이 어둡고 우울한 화제로 이끌고 가더라도 분위기에 동조하지 않고 자신의 낙관적인 페이스로 바꿀 수 있어야 한다.

상대방이 비관적인지 아니면 낙관적인지 쉽게 판정하려면 그가 하는 대화를 살펴보면 금방 알 수 있다. 다른 사람과 하는 대화가 항상 긍정적이고 낙관적인 방향으로 나아가도록 유의하자.

직업별 낙관주의 연습

낙관주의 연습은 현재 낙관성 수준이 매우 높은 사람을 제외하고는 누구에게나 필요하다. 개인별로 낙관성이나 비관성의 수준은 어느 정도 등급을 나눌 수 있지만, 이는 상황에 따라 변화되는 유동적인 것이다. 따라서 누구나 자신의 낙관성 수준을 높이거나 자신이 가진 낙관성을 더욱 확고히 다질 필요가 있다. 낙관주의 연습은 누구나 필요한 것으로, 이번에는 직업별로 필요한 낙관주의 연습에는 어떤 것이 있는지 구체적으로 살펴보려고 한다.

비즈니스맨

매일 치열한 경쟁에서 살고 있는 비즈니스맨들에게 높은 수준의 낙관주의는 필수적이다. 비관적 사고를 하는 비즈니스맨은 이미 망해가고 있는 것이나 다름없다. 끊임없이 난관에 봉착하는 비즈니스의 세계를 헤쳐나가는 길은 높은 낙관주의로 무장하는 것이다.

새로운 기획, 참신한 아이디어, 정열적인 추진력은 낙관주의가 바탕되지 않고서는 불가능하다. 이미 성공한 비즈니스맨들의 면면을 보아도 투철한 낙관주의를 갖고 있음을 분명히 알 수 있다. 어떤 난관에도 굴하지 않고 목표를 향해 돌진하는 적극적인 비즈니스맨의 자세는 높은 수준의 낙관주의를 연습해야 가능할 것이다.

성공하는 비즈니스맨의 제1조로 강조되는 '긍정적 사고방식'도 실은 낙관주의의 일면이다. 낙관주의가 전제되지 않는 긍정적 사고방식은 상상하기 어렵다. 비즈니스맨들이 더 적극적이고 진취적이기 위해서는 반드시 낙관주의를 갖추어야 한다.

세일즈맨

같은 비즈니스의 세계에서도, 세일즈는 그 성격상 투철한 낙관주의가 요구된다. 열 번, 스무 번 거절당하는 악조건 속에서 자신의 낙관주의를 유지하기란 쉬운 일이 아니다. 그러나 이를 극복하지 못하면 세일즈맨으로 성공하기 힘들다.

타고난 낙천성이나 연습된 낙관주의가 세일즈맨에게는 다른 어떤 능력보다도 더 먼저 요구된다. 불리한 상황이나 나쁜 조건에 조금도 굴하지 않고 지속해서 세일즈를 계속하여 마침내 성공을 거두는 세일즈맨의 정신이야말로 모든 직장인이 본받을 만한 낙관주의의 모범이라고 할 수 있다. 어떻게 보면 모든 비즈니스는 세일즈의 연장이며 나아가서 인생살이도 그 연장선에서 이해할 수 있다. 나쁜 상황에 부닥쳐 비관적으로 위축될 것이 아니라, 아직도 남아 있는 가능성과 새로운 희망을 찾아내어 정열을 불러일으키는 낙관주의야말로 인생을 성공으로 이끄는 원동력이라 할 수 있을 것이다.

가정주부

가정 분위기를 만드는 데는 주부의 역할이 결정적이다. 온종일 집안일을 하며 아이들을 돌보는 엄마와 아내의 위치는 가정 분위기를 밝거나 우울하게 만드는 주체라고 해도 과언이 아니다. 가정주부가 집안일을 하면서 온종일 짜증과 불만에 가득 차 있으면, 자연히 아이들이나 남편에게 불만이 노출되고, 이는 전체 가정 분위기를 어둡게 몰고 가는 요인이 된다. 주부가 비관적이거나 우울증인 관계로 가정 분위기가 어둡고 가족 간의 불화가 커지는 경우가 너무 많다.

반면에 가정주부가 낙관성이 풍부하여 즐겁고 명랑하면 가정 전체 분위기가 확연히 달라진다. 이를 위해서는 무엇보다도 주부 자신이 낙관적인 생각을 가져야 하며, 집안일을 함에 있어서도 긍정적으로 받아들여야 한다. 낙관적인 가정주부는 우선 그 표정이 밝고 명랑하며 자녀를 따뜻하게 돌본다. 자신의 좋은 기분과 양호한 컨디션은 그대로 가족에게 전파된다. 엄마의 성격 유형과 낙관주의 정도는 자녀에게 그대로 전달된다는 사실을 염두에 두어야 한다. 이런 점에서 아이들이 밝게 자라기 위해서는 무엇보다 엄마가 낙관주의를 갖는 것이 대단히 중요하다.

공부하는 학생들에게 낙관주의의 중요성은 새롭게 인식되어야 한다. 원래 공부라는 작업은 끊임없이 좌절과 스트레스를 준다. 공부는 취미 생활과 다르다. 공부는 시험과 성적이라는 척도에 의해서 평가하기 때문에 치열한 경쟁의 한 단면일 수밖에 없다.

그래서 학생들에게 공부는 커다란 부담이며, 특히 입시 준비를 하는 학생들에게는 심각한 걱정거리가 아닐 수 없다. 공부의 이러한 속성으로 많은 학생이 좌절과 스트레스를 겪고 있다. 다행히 성적이 좋은 학생들은 나름대로 공부하는 만족감을 누리고 있지만 그렇지 못한 학생들은 학교에 가는 것조차 괴로울 지경이다.

그러면 낙관주의 연습이 공부하는 학생들에게도 도움이 될까? 물론 다른 많은 경우와 마찬가지로 학생들도 낙관주의 수준을 높이면 훨씬 좋은 성과를 올리는 일이 가능하다.

가령 어떤 학생이 시험 점수가 매우 나빴을 때 반응하는 태도가 낙관적인 경우와 비관적인 경우에 따라 매우 상반된다. 낙관적인 학생은 다음과 같은 반응을 보인다.

'이번 시험은 재수가 없었어. 이상하게 실수한 게 많았어. 하지만 이건 내 실력이 아니야. 다음 시험은 잘 볼 수 있어.'

'기분이 좋은 건 아니지만 그렇다고 크게 중요한 건 아니야. 기회는 얼마든지 있어. 다음 시험을 잘 봐야지.'

이에 비해 비관적인 학생은 다음과 같이 반응한다.

'큰일 났어. 내 두뇌로 좋은 성적을 얻는다는 건 불가능한 걸까? 꽤 열심히 공부했는데 왜 이 모양일까? 정말 실망했어.'

'이번 시험이 중간고사이긴 하지만 점수가 전부 반영될 텐데 어떡하지? 이제 좋은 성적을 올리긴 틀려 버렸어. 갈수록 자신이 없어져.'

학생들을 대상으로 한 실험에서 밝혀진 바와 같이, 비관적 성향의 학생들은 지능이 높더라도 좋은 성적을 올리지 못한다. 오히려 지능 지수는 평범하더라도 뛰어난 낙관주의를 가진 학생들이 공부를 잘한다. 이는 낙관주의 이론을 실험한 다른 결과와도 일치한다.

이런 점에서 부모는 자녀가 공부하면서 낙관주의를 견지하도록 도와주고 조언해 줄 필요가 있다. 감수성이 예민한 학생들은 좋지 않은 성적으로 자주 상처를 받고 지나치게 비관적인 생각이나 우울증에 빠지기 쉽다.

이 경우 성적이 좋지 않은 결과 자체보다도 비관주의로 인해 앞으로의 공부와 미래에 나쁜 영향을 미치는 것이 더욱 심각하다. 이런 점은 학생들을 가르치는 교사로서도 깊이 생각해 보아야 할 문제이다.

스포츠 선수

승부를 겨루는 스포츠만큼 눈앞에서 경쟁이 치열하게 벌어지는 경우도 드물 것이다. 스포츠에서 상대방 선수나 팀을 이기려면 기본적으로 실력이 뛰어나야 하는 것은 두말할 필요가 없다. 그러나 일단 우승권 후보에 오른 선수들은 어떤 면에서는 실력이 엇비슷한 경우가 많다. 이 경우 그 선수가 가진 정신력이나 심리적 요인이 크게 작용한다는 것은 여러 가지 실험에서 나타나고 있다.

우승을 가리는 숨 가쁘게 긴장된 순간에 자신이 갖춘 실력을 충분히 발휘하는 선수가 있는가 하면, 지나친 긴장감으로 오히려 평소 실력보다 못한 기록을 보이는 선수도 많다.

이는 어떤 정신적 요인 때문일까? 이미 살펴본 바와 같이 낙관성 이론에 관한 실험에 의하면 낙관적 성향이 있는 선수는 결정적인 승부의 순간에 자신의 능력을 더 잘 발휘하는 데 비하여, 비관적 성향의 선수는 조그만 일에도 쉽게 영향을 받는다. 그 결과 비관적 성향의 선수는 평소 기록보다도 부진한 경우가 많이 나타난다.

이와 같은 결과를 고려하면, 스포츠 코치들은 좋은 기록을 내기 위해 선수들의 정신력을 연마하는 과정에서 낙관주의를 높이기 위한 연습을 반드시 받게 해야 할 것이다.

직원들의 낙관주의 수준

어느 직장이든 낙관성이 높은 직장은 직원들의 사기가 높고 의욕이 넘친다. 반면 비관성이 높은 직장은 직원들의 불평불만이 많고 업무 능률도 저조하다. 그래서 어떤 조직이든 조직이 능률적으로 가동되려면 낙관성이 높아야 한다.

특히 회사라는 조직은 영리를 목적으로 하는 집단이다. 말하자면 비즈니스를 적극적으로 해야 경쟁사를 물리치고 살아남을 수 있고 직원들의 복리 후생도 꾀할 수 있다. 만일 직원들이 우울하고 비관적인 분위기에 빠져 있다면 그 회사는 제대로 발전하기가 어렵다.

따라서 경영진에서는 조직 경영의 주요한 기준으로 직원들의 낙관주의 수준을 점검해 볼 필요가 있다.

이는 우선 신입 사원의 채용 기준에서부터 적용되어야 할 것이다. 기업체는 더 유능한 사원을 채용하기 위해서 많은 노력을 기울인다. 이를 위한 각종 채용 시험이 있고 또 면접 테스트도 있지만, 여전히 학력이나 경력 중심의 기준에서 벗어나지 못하고 있다.

신입 사원이 유능하기 위해서는 어떤 능력을 갖추어야 할까?

각 기업체에서는 입사 시험의 성적과 대학 중심의 학력을 우선하고 부수적으로 본인의 적성을 참고하기도 한다. 그러나 아무리 일류 대학을 나오고 머리가 우수하다 해도 그 사람이 비관적 성향을 띠고 있다면 절대로 탁월한 능력을 발휘하지 못한다. 이것이 일류 대학을 나온 많은 수재형 사원들이 막상 회사 조직에 들어가서 제대로 능력을 발휘하지 못하는 한 가지 이유이기도 하다.

반복되는 지적이지만, 인간의 능력이란 학력이나 지력과 같은 지능적인 수준 이외에 정신력을 무시할 수 없고, 특히 그 사람이 가진 낙관주의 수준은 중요한 기준이 된다. 낙관주의가 뛰어난 사람은 입사 시험 점수는 다소 뒤떨어지더라도 사회 적응 면에서는 단연 뛰어난 경우가 많다.

이렇게 신입 사원을 채용할 때에 낙관성을 하나의 기준으로 삼는 일은 중요하다. 더 나아가 이미 근무하고 있는 직원들의 낙관성을 높이는 일도 중요하다. 특히 창의성과 아이디어가 요구되는 기획부나 영업부의 직원들은 낙관성이 뛰어나야 하는 만큼 이에 대해서는 별도의 대책이 있어야 한다.

이를 위해 다음과 같은 방법을 활용할 수 있다.

낙관성 테스트

직원들이 어느 정도의 낙관성을 가졌는지 테스트해 보는 일은 여러 가지로 의미가 있다. 그것은 무엇보다도 직원들에게 낙관성의 중요성을 일깨워 주는 계기가 된다.

직원들의 사기 문제도 낙관성 수준을 기준으로 측정해 볼 수 있다.

직원들의 낙관주의 연습

직원들의 낙관성 수준을 높이기 위해서는 훈련이 필요하다. 이를 위해 직원들의 교육 코스에 낙관주의 연습에 관한 주제를 포함하는 방법도 있다.

낙관주의 연습은 단순히 직장 업무의 능률성뿐만 아니라 개인의 성취도와 행복감을 높이는 데도 매우 유용해 직장 교육 코스로 추가하면 인기가 높을 것이다.

간부들의 낙관주의 연습

직장의 분위기를 좌우하는 것은 간부들의 태도다. 간부들이 진취적이고 낙관적이면 그 조직은 활기에 차 있다. 반면 간부들이 비관적인 생각에 빠져 있으면 조직 전체의 분위기가 침체될 수밖에 없다.

그러므로 간부들은 낙관적 신념이 투철해야 한다. 그래야 그 조직이 부닥치게 될 갖가지 난관을 극복하고 목표를 달성하는 일이 가능하다. 낙관성 테스트가 가장 필요한 대상은 바로 간부진이다. 최고 경영층은 항상 간부들이 높은 수준의 낙관성을 유지하도록 관리해야 한다.

또한 직장에서 상사들의 꾸중이 많다는 점에서 직원들의 낙관성과의 관계에 유의할 필요가 있다. 질책은 사원들의 책임감을 높이고 조직의 기강을 바로잡는 역할도 하지만, 상사가 계속 회초리 일변도로 나가면 그 조직은 차츰 활기를 잃는다.

꾸중과 질책을 많이 받는 조직 구성원들은 낙관주의보다 비관주의에 빠지기 쉽다는 점을 염두에 두어야 한다.

조직의 분위기 조성

직장이나 조직마다 상황에 따른 독특한 분위기가 있다. 회사의 관리진은 사내의 분위기가 우울하거나 침체되지 않게 할 책임이 있다.

조직 구성원들이 활기차게 하기 위해서는 어떤 분위기를 조성해야 할까?

상황에 따라 일률적으로 말할 수는 없지만 더 낙관적인 분위기가 충만하도록 하는 노력이 필요하다. 물론 객관적으로 좋은 실적이 있을 때 낙관적인 분위기는 특별히 관리하지 않더라도 저절로 이루어진다. 그러나 상황이 나쁠 때도 간부들은 낙관적인 비전을 제시하여 조직 분위기가 침체되지 않도록 이끌어 나갈 책임이 있다.

이는 간부 회의에도 그대로 적용된다. 회의 분위기가 침울하고 비관적이면 그 분위기는 그대로 조직 구성원들에게 전달된다. 그러므로 경영층은 전체적으로 상황이 불리할 때에도 리더십을 발휘하여 낙관적인 비전과 지침으로 분위기를 쇄신해야 한다. 이것이야말로 뛰어난 경영 노하우라 할 수 있다.

조직 분위기를 상습적으로 우울하게 만들거나 침체시키는 경영자는 절대로 우수한 경영자라고 할 수 없다. 이런 조직은 시간이 지날수록 침체되고 경쟁에서 뒤떨어지게 된다.

낙관주의가 반드시 요구되는 분야

　이 책은 처음부터 끝까지 낙관주의의 장점과 이를 활용하는 방법을 제시하고 있다. 하지만 낙관주의가 장점만 가지고 있는 것은 아니다. 낙관주의는 모든 문제에 대한 책임을 남에게 전가함으로써 무책임을 초래할 수도 있고 또 냉철한 판단을 해야 하는 사안을 경솔하게 낙관적으로만 생각하여 실수를 범할 수도 있다.

　그래서 낙관주의가 요구되는 분야와 다소의 비관주의가 요구되는 분야가 있다는 점을 이해해야 한다. 중요한 것은 각자 자신의 생활에서 낙관주의와 비관주의의 특성과 장점을 자유롭게 활용할 수 있어야 한다는 점이다.

　개인생활에서 다소의 비관주의가 요구되는 분야가 있다. 예를 들면 대학 입시에서 어느 학과를 선택할 것인지, 주식 투자에서 어떤 종목을 어느 시기에 사야 하는지, 결혼 상대자로 누구를 선택할 것인지 하는 문제들이다. 이런 문제는 현재는 물론 장래에도 큰 영향을 미치는 사항으로 신중하고 현명한 판단을 해야 한다.

이런 문제를 막연히 낙관적으로만 판단하면 큰 오류를 범하기 쉽다.

일반적으로 말하자면 어떤 일을 해야 할지 말아야 할지 또는 어느 쪽으로 선택해야 할지 등 소위 결정에 관한 사항은 신중한 판단을 해야 한다. 어떤 집을 사야 하는지, 어떤 학교를 선택해야 하는지 등에 관한 사항은 한번 결정되면 그 영향이 두고두고 오래가서 결정 이전에 충분한 정보 수집과 냉정한 상황 분석이 전제되어야 한다.

이는 개인적인 일뿐만 아니라 회사와 같은 단체에서도 마찬가지다. 어느 회사가 새로운 투자를 할 것인지 또는 다른 회사와 합병을 할 것인지 하는 중요하고 심각한 사안뿐만 아니라 일상적인 업무에서도 결정이 필요한 순간은 많다.

결정이 필요한 일은 자신이 가진 지식과 경험 또는 입수한 정보로 냉철한 비관주의에 입각한 현명한 판단이 요구되는 분야다. 이런 사항이 잘못 결정되면 내용에 따라 크고 작은 후유증을 가져오며, 심하면 운명의 갈림길이 되기도 한다.

이 책에서 강조하는 낙관주의는 무책임하게 장밋빛 미래를 꿈꾸라는 것이 아니다. 낙관주의가 진실로 그 힘을 발휘할 수 있는 분야는 이미 결정된 일을 추진해 나가는 데 있다. 개인적인 일이든 단체의 일이든 한번 결정된 일이나 계획은 적극 밀고 나가야 그 목적을 달성할 수 있기 때문이다. 세상의 많은 일이 단순한 희망이나 추상적인 계획에 그치고 실천이 뒤따르지 않는 관계로 흐지부지 묻혀 버리는 경우가 부지기수다.

유능한 사람과 무능한 사람이 구분되는 것도 추진력이나 실천력이 어느 정도인가에 달린 경우가 많다. 이런 추진력과 실천력을 강화하는 데 낙관주의가 그 위력을 크게 떨칠 수 있다. 세일즈가 목표인 영업 사원은 열 번 스무 번 거절당해도 이에 조금도 굴하지 않고 계속 상대방을 설득해야 유능한 세일즈맨이 될 수 있다. 이때 그 사람의 마음에 꺼지지 않는 불을 붙여 주는 것은 바로 낙관주의라는 정신력이다.

많은 사람은 살아가면서 더욱 많은 성취를 이루기 위해 노력하고 있다. 이런 사람들에게 비관주의는 아무런 힘이 되지 못한다. 힘이 되지 못할 뿐만 아니라 사기를 떨어뜨리고 무력하게 만들며 자꾸만 뒤로 물러서게 한다. 따라서 이런 단계에서는 비관주의를 과감히 털어 버리고 낙관주의라는 무기로 무장하는 것이 좋다. 낙관주의는 성공한 정치가, 사업가, 예술가, 과학자 등 각 분야에서 두각을 나타내고 있는 사람들의 몸에 밴 특성이기도 하다.

이외에 낙관주의가 그 위력을 발휘하는 다른 영역이 있다. 그것은 개인의 정신세계에 관한 영역이다.

현대사회에서 개인은 참으로 무력하고 불안하며 고독한 존재다. 개인의 영혼은 복잡하고 기능적인 현대사회의 거대한 메커니즘에 희생양이 되고 있다. 이런 상황에서 개인은 정신적으로 늘 고독한가 하면 다른 한편으로는 서로 욕망의 노예가 되어 끝없는 경쟁을 벌이고 있다.

다행히 운이 있거나 유능한 사람은 성공을 거두어 분에 넘치는 영광과 혜택을 누리지만, 그렇지 못한 대다수의 개인은 이루지 못한 일에 대한 아쉬움과 불만 또는 그로 인한 자책감과 우울증으로 고민하고 있다.

그런데 이루어지지 않은 일에 대한 아쉬움과 불만이 각자의 마음속에서 제대로 소화되거나 평온하게 이해되지 못하는 경우, 일상생활은 정신적인 고통과 스트레스에 싸이고 만다.

이와 같은 개인의 정신적, 심리적 문제를 해소하는 데 낙관주의 연습이 크게 기여할 수 있다. 다 같은 불만 사항이 있어도 낙관적인 사람과 비관적인 사람은 이를 받아들이는 데 커다란 차이가 있다.

낙관성이 강한 사람은 불만이나 실망에서 오는 스트레스와 충격을 최소한 약화해서 받아들이고 이로부터 쉽게 회복한다. 반면 비관적인 사람은 더 심각하고 고통스럽게 받아들이며 그 충격에서 쉽게 벗어나지 못하여 장기간 헤맨다.

안락하고 행복한 삶은 인생의 목표에서 중요한 몫을 차지하고 있다. 이를 위해서는 낙관주의의 지혜를 배워 두는 것이 필요하다. 살아가면서 기분 좋지 않은 일, 충격적인 일, 불의의 사고 등 나쁜 상황을 만났을 때 지나친 스트레스에 시달리거나 절망감에 사로잡히지 않고 평온한 정신 상태를 유지하는 것은 행복한 삶을 영위하는 데 대단히 유익하다.

그리고 이것은 반드시 성공하려고 애쓰는 사람에게만 필요한 지혜가 아니라 학생, 가정주부, 아이들, 직장인 등 현대사회를 살아가는 개인 누구에게나 필요한 기술이다. 결국, 낙관주의 연습은 개인적으로 마음의 평화와 안락을 가져다 주고 가정적으로는 가족 간에 따뜻한 화목을 가져다 주며, 각 조직체에는 구성원들의 사기를 진작시키는 새로운 활력소가 된다.

낙관주의의 파장

낙관주의가 풍부한 사람은 저절로 이를 외부로 발산하게 된다. 그래서 낙관적인 사람은 표정이 밝고 성격이 쾌활하며 명랑하다.

여기서 한 가지 주목할 점은, 개인이 가진 낙관성이나 비관성은 그대로 주위에 있는 사람에게 전달된다는 것이다. 예를 들어 가족 중에 한 사람이 그날 어쩐지 기분이 우울하고 침체되어 있으면 다른 사람도 그 영향을 받는다. 특히 대화를 나누고 있을 때 상대방이 몹시 우울하고 비관적이면, 그 사람과 이야기를 나누고 있는 사람도 은연중에 그 분위기에 젖게 된다.

이런 점에서 보면 낙관주의를 풍부하게 가진다는 것은 본인에게만 유익한 것이 아니라 상대방에게도 도움이 되는 일이다.

구체적으로 본인이 갖는 낙관주의가 상대방에게 어떤 영향을 미치는지 살펴보자.

가정주부

어느 집이든 가정 분위기는 가정주부가 좌우하는 때가 많다. 특히 자녀에게 엄마의 낙관성 여부는 그대로 모델화될 정도로 결정적인 영향을 미친다. 엄마가 낙관적인 가정은 전체적으로 분위기가 밝다. 학교에서 돌아오는 자녀를 맞는 엄마의 상반된 경우를 예로 들어 보자.

비관주의가 강한 엄마는 늘 우울하고 기분이 침체되어 가족에게 밝은 메시지를 전할 수 없다. 학교를 마친 아이들이 집에 들어섰을 때 엄마가 반갑게 맞아 주는 대신, 시무룩한 상태에 있으면 아이들은 그 기분을 그대로 전달받는다. 이런 엄마는 자신도 모르게 아이들에게 짜증을 내거나 기를 죽이는 말을 함부로 하는 경향이 있다.

그리고 아이들이 처한 어려운 상황에 대하여 긍정적으로 도움 말을 주는 것이 아니라, 자신의 부정적인 의견까지 가세하여 아이들의 마음을 더욱 비관적으로 만들고 자신감을 위축시켜 버린다.

아이가 좋지 않은 시험 성적을 받아 왔을 때 비관성이 강한 엄마가 아이에게 하는 말을 살펴보자.

"거봐, 엄마가 뭐랬어? 엄마 말을 듣지 않고 맨날 딴짓만 하니 성적이 나빠질 수밖에 더 있어?"

이러면 아이는 자신에게 수학적 두뇌가 아예 없는 것으로 단정해 버린다.

이에 비해 낙관주의가 강한 엄마는 아이에게 희망을 주고 의욕을 북돋워 준다. 아이가 무언가 바깥에서 풀이 죽어 들어오더라도 아이를 위로하며 희망적인 면을 일깨워 준다. 이런 엄마의 언어 습관은 다음과 같다.

"괜찮아. 그래도 지난번보다 수학 점수가 나아졌어. 다음 시험은 더 좋아질 거야. 틀림없어."

"이런 때 더욱 용기를 가져야 하는 거야. 선생님은 네가 미워서 그런 게 아니야. 다음번에는 선생님을 놀라게 해 줄 수 있어."

아이가 무언가 잘못했을 때 낙관적인 엄마가 지적하는 말은 '일시적'이거나 '국한적'이며 또 '비개인적'이다.

직장 간부

직장 간부가 가진 낙관성 수준은 그대로 부하 직원에게 전달된다. 상사가 늘 시무룩하고 의기소침해 있는 부서는 직원들도 그런 기분에 빠지기 쉽다.

이런 상사에게 의욕적인 부하 직원이 가져오는 결재나 계획서는 퇴짜 맞기 십상이다. 그들은 이렇게 말한다.

"이봐요, 예산 좀 아껴요. 그런 프로젝트 추진하다가 아무런 소득이 없으면 누가 책임질 거요? 그렇게 설치지 말고 지금 하는 일이나 잘해요."

그에 반해 긍정적이고 낙관적인 상사는 의욕이 넘치고 활기가 있다. 부하 직원이 시무룩해 있더라도 사기를 북돋워 준다.

"이봐, 너무 주눅이 들지 말라고. 일이란 밀어붙이면 되게 마련이야. 한 번 제대로 밀어 보자고. 안 되면 내가 책임질 테니 걱정하지 말고."

이런 상사와 대화를 나누고 나오는 부하 직원은 자기도 모르게 상사의 낙관성에 전염되어 의욕이 솟고 자신감이 자라난다. 그리고 긍정적으로 보기 시작한다.

서비스 직원

고객을 접대하는 서비스 직원의 경우 낙관성을 풍부하게 갖추는 일은 대단히 중요하다. 비관적인 성향으로는 절대로 상대 고객에게 좋은 인상과 따뜻한 감정을 줄 수 없다. 서비스 직원은 표정이 밝아야 하고 말은 명랑하며 행동은 활기에 차야 한다. 이것이 바로 낙관성의 표현이다.

우울한 기분과 어두운 표정으로 손님을 맞겠다는 태도는 서비스 정신이 아니다. 억지로 기분과 표정을 밝게 가지려고 하는 건 무리이다. 마음속에 낙관적인 시각을 확실하게 가지면 바깥으로 드러나는 표현은 저절로 밝아지게 마련이다.

선생님

선생님의 태도가 학생에게 미치는 영향은 생각 이상으로 크다. 선생님은 학생에게 단순히 지식만 전달하는 것이 아니라 자신이 가진 태도나 성향도 그대로 전달하고 있다. 특히 학생들에게 인기 있고 존경받는 선생님의 경우에는 그 영향이 더욱 크다. 비관적 성향의 선생님은 학생들에게 실망과 좌절을 안겨 준다. 이들은 학생을 비관적인 시각으로 꾸짖는다.

"넌 항상 주의가 산만해. 그래서 대학에 제대로 갈 것 같아?"

"이봐, 만날 졸고 있으니 성적이 오를 리가 있겠어? 정말 넌 어쩔 수 없는 애야."

이런 선생님이 학생들에게 하는 주의나 꾸중은 확산적이거나 영속적이며 또한 개인적이다.

반면 낙관적인 선생님은 학생들에게 희망을 주고 의욕을 북돋워 준다. 그리고 잘못한 일로 꾸중할 때도 낙관적 언어 습관에 따라 '일시적'이거나 '국한적'으로 그리고 '비개인적'으로 한다.

학교 선생님들은 본인이 습관적으로 하는 꾸중이나 말이 학생들에게 중대한 심리적 영향을 준다는 점을 생각해야만 한다.

스포츠 코치

격렬한 승부를 가리는 스포츠 게임에서 이를 지도하는 코치의 낙관성은 선수들에게 대단히 큰 영향을 미친다. 특히 선수가 의기소침해 있거나 객관적 상황이 불리할 때에 코치의 역할은 더욱 중요하다. 이런 상황에서 비관적 성향의 코치는 다음과 같은 반응을 보일 것이다.

"이봐, 정신 차려. 지금 대단히 중요한 때야. 왜 그렇게 힘이 빠져 있어?"

"지금 만회하지 않으면 어려워. 연습할 때는 잘하더니 경기 때는 왜 이 모양이야?"

핀잔과 질책을 받으면 선수들은 의욕과 사기가 올라가는 것이 아니라 오히려 그 반대로 의기는 더욱 침체된다.

이에 반해서 낙관적인 코치는 끝까지 희망을 잃지 않고 일관하여 선수들에게 의욕을 고취한다.

"이봐, 오늘 컨디션이 아주 좋은 것 같아. 조금만 더 해 봐. 분명히 할 수 있어."

"지금부터는 상황이 훨씬 좋아질 거야. 이제까지는 단순히 몸을 풀었을 뿐이야. 난 분명히 확신해. 넌 이길 수 있어."

극도의 긴장과 스트레스에 싸여 있는 선수들에게 일어난 모든 상황을 유리하게 해석하고 나쁜 상황에 대해서는 '일시적' '국한적' '비개인적'으로 해석해 주는 코치가 진정으로 유능한 코치라고 할 수 있다.

2부
낙관주의자

사람은 누구나 희망이 넘쳐야 한다.

희망이 넘치는 사람은 생활이 밝아지고 의욕에 차 있어

개인적으로 행복할 뿐만 아니라 하는 일도

훨씬 더 능률적으로 해낸다.

1장
낙관주의자의 강점

친근감이 주는 최대 비결

대인 관계에서 상대방에게 호감을 얻는 일보다 더 큰 비결은 없을 것이다. 상대방에게 호감을 얻기 위해서는 우선 외모나 인상에서 밝고 호의적인 느낌을 주어야 한다.

낙관주의는 이런 점에서 매우 유리하다. 낙관성이 풍부한 사람은 인상이 밝고 전체적으로 쾌활한 느낌을 준다. 이런 인상은 상대방에게 호감을 유발할 수밖에 없다. 낙관적인 사람과 만나서 대화를 나누면 즐겁고 기분이 좋다. 그것은 화제가 희망적이고 말하는 사람이 이를 즐겁게 받아들이기 때문이다.

한편, 비관적인 사람은 어둡고 우울해 보여서 상대방이 쉽게 접근할 수 있는 친근감을 주지 못한다. 또 이들과 만나 대화를 나누면 무겁고 심각한 분위기로 흐르게 된다. 그래서 상대방은 답답하게 느껴지고 마음이 편치 못하다.

이에 비해 직업적으로 사람을 많이 상대하는 사람들은 매우 세련되어 있다. 그들의 표정은 밝고 상대방에게 친근감을 준다는 공통

점이 있다. 성격이 낙관적인 사람은 특별히 연습하지 않더라도 이런 느낌을 준다. 그래서 낙관적인 사람은 상대방에게 호감을 주며, 이는 대인 관계에서 비교할 수 없는 좋은 무기가 된다.

예를 들면 선거에서 더 낙관적인 후보자에게 승리가 돌아가는 이유는 무엇일까? 그것은 한마디로 그들이 좋은 인상을 심어 주고, 그들이 제시하는 공약에서 더 희망적인 기대를 많이 할 수 있기 때문이다. 사람들은 어두운 것을 피하고 더 밝은 것을 취하려는 본성이 있다. 또 사람들은 실망적인 것보다 희망적인 것을 더 요구하게 마련이다. 그렇기에 현실을 단순히 비관적으로 비판하거나 어두운 미래를 제시하는 후보 대신, 밝고 희망찬 미래를 제시하는 후보에게 호감이 가는 것은 당연하다고 할 수 있다.

낙관성이 주는 새 얼굴

　현대사회의 또 하나의 특성은 '이미지'의 시대라는 점이다. 개인이든 집단이든 간에 각 개체가 가진 이미지는 대단히 중요한 의미가 있다. 이미지는 그 실체가 가진 잠재력 이상의 메시지를 상대방에게 전달하고 있다.

　그러면 좋은 이미지는 어떻게 만들 수 있을까? 낙관성은 이미지 만들기의 측면에서도 하나의 좋은 방법이 되고 있다. 낙관주의가 강한 사람이 가진 이미지에는 어떤 것이 있는지 살펴보자.

- 표정이 밝고 호감이 간다.
- 성품이 명랑하고 쾌활하다.
- 대화 내용이 긍정적이다.
- 무엇이든 가능한 방향으로 생각한다.
- 미래에 대한 희망이 가득하다.
- 생각이 긍정적이다.

- 자신감이 넘친다.

- 건강 상태가 좋고 활기에 차 있다.

- 승리에 대한 확신이 있다.

- 다소 도전적이고 모험적이다.

이에 반해 비관주의가 강한 사람은 아래와 같이 상반된 이미지를 준다.

- 표정이 어둡고 우울해 보인다.

- 사람 만나는 것을 꺼리는 인상을 준다.

- 대화 내용이 부정적이고 불만이 많다.

- 상대방의 의견보다는 자신의 주장을 고집한다.

- 무엇이든 부정적으로 보려고 한다.

- 미래를 암울하고 실망적인 것으로 본다.

- 생각이 비판적으로 흐른다.

- 의욕이나 자신감이 부족하다.

- 건강 상태가 좋지 않고 기분도 우울하다.

- 승리보다는 실패에 대한 우려가 크다.

이렇게 상반된 두 유형의 이미지 가운데 어떤 것이 상대방에게 더 호감을 줄지는 명백하다. 사회생활을 하면서 상대방에게 주는 이미지는 알게 모르게 크나큰 영향을 미친다. 하나의 예를 들어 보자.

어느 회사의 영업부에 배치된 A는 자신의 인상 때문에 고민이 많다. 그는 어쩐지 무뚝뚝하고 거부감을 주는 인상이라서 특히 초면의 고객과 만나 대화를 하려는 경우에 애를 많이 먹는다. 그것은 거부감이 드는 A의 첫인상 때문이다. 물론 A와 친숙해진 사람들은 그가 무척 따뜻하고 인간적인 마음의 소유자라는 사실을 알게 되지만 이렇게 되기까지는 상당한 시간이 걸린다.

이는 하나의 단적인 예가 될지 모르겠지만, 사회생활에서 자신의 이미지를 제대로 관리하지 못하는 사람은 그만큼 불이익을 입는다.

그러면 자신의 이미지를 좋게 만드는 데 낙관주의는 어떤 영향을 미칠까?

낙관주의는 무엇보다도 심리적인 문제로서 마음에 평화를 가져다 준다. 마음속의 평온은 말이나 행동에 그대로 표현될 수밖에 없다. 이는 마음 상태를 바꾸면 말이나 행동도 바뀐다는 점을 말해 준다. 이런 의미에서 낙관주의는 말이나 행동을 바꾸는 전환점이 될 수 있으며, 낙관성 수준을 높이는 그만큼 좋은 이미지가 저절로 만들어 진다는 것을 뜻한다.

상대방을 어떻게 해석하는가

대인 관계에서 자신의 문제 다음으로 크게 부각되는 점은 곧 상대방에 관한 것이다. 대인 관계란 궁극적으로 상대방과의 관계여서 상대방을 어떻게 해석하느냐 하는 점은 핵심적인 문제라고 할 수 있다.

낙관주의의 기준에서 볼 때 상대방에 대한 해석에서도 같은 원리가 적용될 수 있다.

즉, 상대방의 태도나 말 또는 행동에 대하여 긍정적 시각을 갖느냐 아니면 부정적 시각을 갖느냐 하는 것이다. 사람의 태도나 행동은 일반적으로 긍정적인 면과 부정적인 면을 모두 갖고 있다. 같은 사람의 태도나 행동에서도 어떤 시각으로 보는가에 따라 견해가 다를 수 있다.

우선 낙관적인 사람은 어떤 시각으로 상대방을 보는지 살펴보자.

- 상대방을 호의적인 시각에서 본다.

- 상대방이 하는 말을 이해하려고 한다.

- 상대방과 동질성을 가지려고 한다.

- 상대방의 단점보다 장점에 착안한다.

- 상대방의 태도에서 가능성을 찾아내려고 한다.

- 상대방과 더 친숙해지려고 한다.

반면 상대방을 비관적인 시각에서 볼 때에는 어떤 반응이 나오는지 알아보자.

- 상대방을 비판적인 시각에서 보려고 한다.

- 상대방이 하는 말에서 거부감이 드는 점을 발견한다.

- 상대방을 이해하려고 노력하지 않는다.

- 상대방이 가진 단점을 크게 본다.

- 대화에서 가능성을 발견하지 않는다.

- 업무상 억지로 만나는 데서 그치려고 한다.

이렇게 상대방을 보는 시각이 다른 데 따라 그 상대방이 느끼는 반응도 다를 수밖에 없다. 낙관적 시각으로 볼 때에는 상대방도 같은 느낌이 드는 것은 당연하다. 자신이 존중받고 우대를 받는 만큼 당신을 존중하려고 할 것이다.

반대로 상대방을 비판적으로 평가하고 상대방의 단점에 착안하고 있으면 그 상대방이 좋은 기분을 가질 리0가 없다. 마음에 내키지 않은 채 형식적으로 만날 때에는 상대방도 같은 마음 상태가 된다.

사회생활에서 대인 관계의 중요성을 늘 강조하지만, 사실은 자신이 가진 비관성과 낙관성에 따라 이렇게 상대방을 보는 시각이 다르며, 그에 따라 대인 관계의 질質이 결정된다. 대인 관계가 대단히 복잡한 듯하지만 사실상 원리는 아주 간단하다. 매번 만나는 상대방을 최대한 존중하고 그로부터 호감과 이해를 끌어내는 것이 기본이다.

만남을 의미 있게 하고 인간적인 유대 관계, 특히 호의적인 관계를 맺기 위해서는 이렇듯 상대방을 낙관적 시각에서 보는 것이 중요하다.

쾌활한 성품과의 연관 관계

　대인 관계에서 사교적인 성품은 가장 좋은 무기이다. 사교적인 사람은 낯선 사람과도 금방 친숙해지고 좋은 인간관계를 쉽게 맺는다.

　일반적으로 사교적인 성품이라 할 때, 그 특징은 다음과 같이 열거할 수 있다.

- 표정이 밝고 쾌활하다.
- 사람 사귀는 것을 좋아한다.
- 상대방의 장점을 높이 평가한다.
- 상대방과 작은 인연도 크게 활용한다.
- 상대방의 애로를 잘 들어준다.
- 어떻게 하든 상대방을 도와주려고 한다.
- 모임에 나가 여러 사람과 어울리기를 좋아한다.

이처럼 특징은 모두 낙관주의와 관련이 깊다. 특히 사교적인 사람의 대표적 특징인 명랑하고 쾌활한 성품은 낙관적 마인드 없이는 가능하지 않다.

명랑하고 쾌활한 성품의 소유자는 어디에서나 누구에게나 환영 받기에, 대인 관계에서는 이런 성품을 갖는 것이 좋다고들 말한다.

그렇지만 성격이란 마음대로 되는 것은 아니다. 성격은 타고난 소질과 후천적 습성이 혼합된 독특한 형태이다. 사람마다 얼굴이 제각기 다르듯이 성격 또한 천차만별이다. 아직 정체성이 고정되기 전의 아이들은 좋은 성품을 갖도록 부모가 특별히 유의해야 하고, 성인이라면 스스로 성격을 가꿔 나가는 노력을 꾸준히 해야 한다. 성격을 그대로 내버려 두면 그것은 습관과 마찬가지로 바람직하지 못한 방향으로 흘러가기 쉽다.

성격은 인격을 수련하듯이 늘 좋은 모양새를 갖추도록 관리해 나가야 한다. 특히 사회생활에서 필요한 좋은 대인 관계를 만들기 위해서는 좋은 성품이 그 바탕이 된다.

그러면 명랑하고 쾌활한 성품과 낙관주의는 어떤 관계가 있을까? 한마디로 명랑하고 쾌활한 성품의 원천은 낙관주의라고 해도 좋다. 낙관주의의 모든 특성은 밝은 성품과 직결된다. 낙관주의는 현실을 긍정적으로, 또 미래를 희망적으로 보는 시각이다. 밝은 성품은 이런 시각에서 형성된다.

반면에 비관주의는 어둡고 침울한 성격과 연관된다. 비관주의는 현실을 부정적으로 보고 미래를 비판적으로 본다. 그래서 모든 일이 시큰둥하게 보이고 신이 나는 일이 별로 없다. 이런 시각을 갖고 살다 보면 차츰 성격도 어둡게 형성된다.

이런 성격의 형태는 외모에 그대로 드러날 수밖에 없다. 밝은 성격의 소유자는 외모에서 빛이 나서 더욱 돋보이게 마련이다. 이에 비해 우울한 성격의 소유자는 웃고 있어도 얼굴에 어두운 그늘이 드리워져 있다.

거울에 비친 당신의 표정을 낙관주의의 관점에서 살펴보자. 당신의 얼굴이 무언가 시무룩하고 생기가 없다면 이 순간에 당신은 자신도 모르게 비관적 생각에 빠져 있었을 것이다. 반대로 당신의 표정이 밝고 생기가 감돈다면 그 순간 당신의 마음속에 낙관적인 생각이 차 있었을 것이다.

우리는 매일 텔레비전 화면에서 인기 연예인들의 얼굴을 대한다. 그들의 표정은 밝고, 바깥으로 드러나 보이는 성품은 매우 쾌활해 보인다. 사실상 미모란 밝은 성품과 관계가 깊다. 어둡고 침울한 성격의 미남미녀는 상상하기 어려울 정도다. 사람의 미모는 밝고 명랑한 성격과 불가결한 관계다.

이런 의미에서 낙관주의 연습은 밝은 성격이나 보다 돋보이는 외모를 위해서도 중요하다. 역으로 해석하면, 현재 당신의 성격이 밝지 못한 것은 낙관주의가 제대로 자리 잡히지 못했음을 의미한다고 보아도 좋을 것이다.

낙관주의의 기준으로 본 서비스

사회에 만연된 불친절에 대한 자성의 목소리가 높다. 이렇게 사회 각계에서 우려는 하고 있지만 사실상 불친절이 쉽게 사라지지 않고 있다. 지금 이야기하고자 하는 불친절은 '고객'이 일방적으로 당하는 불친절을 의미하지 않는다. 상대방에 대한 불친절은 택시 기사와 승객 사이에, 백화점 점원과 고객 사이에, 전화 상담원과 이용자 사이 등 양측에서 벌어질 수 있는 일이다.

이런 친절이나 불친절한 태도를 낙관주의의 기준에서 해석할 수 있을까? 충분히 가능하리라고 본다. 물론 정확한 바는 각 분야에 관한 전문적인 조사가 필요하겠지만, 경험을 바탕으로 이야기한 다면 비관적인 사람이 친절하기는 어렵다고 할 수 있다. 대신 낙관성이 높은 사람은 자신을 존중할 뿐만 아니라 타인도 존중하기 때문에 그만큼 친절할 가능성이 높다.

우선 비관적인 사람이 왜 불친절해지는지 그 심리 과정을 살펴보자.

비관적인 사람은 모든 것을 부정적이고 비판적인 시각으로 보기 때문에 마음속에 불평불만이 많다. 그리고 자기 자신에 대해서도 자의식이 낮아서 자신의 가치를 제대로 인정하지 않는 면이 많다. 따라서 자신의 기분이 우울하고 몸 상태가 나쁠 때가 빈번해진다. 이런 상황에서 남들에게 미소 어린 얼굴로 친절하게 대하는 일은 사실상 어렵다. 억지로 친절한 외양을 갖추더라도 그것은 마음에서 우러나온 진심이 아니어서 상대방에게 따뜻한 마음이 전해지지 않는다.

이에 비해 낙관적인 사람은 남에게 친절할 수 있는 조건을 충분히 갖추고 있다. 이들은 스스로 세상을 밝은 면으로 보기 때문에 마음이 평화롭고 희망에 가득 차 있다. 그래서 자신의 만족스러운 마음이 저절로 바깥으로 흘러나와 상대방에게 친절하게 대할 수 있다. 이들의 표정은 밝고, 성품은 명랑하고 쾌활해서 친절 서비스의 기본 요건을 이미 자연스럽게 갖추고 있다.

이런 차원에서 본다면 서비스업에 종사하는 사람들의 불친절한 태도는 낙관주의 연습의 시각에서 풀어나가야 할 것이다.

일을 즐기는 사람

사람은 누구나 일을 하며 산다. 그 일이 직업이든 아니든 상관없다. 무엇보다 중요한 점은 자기가 하는 일이 즐거워야 한다는 것이다. 자기가 하는 일이 즐거운 사람은 참으로 행복한 사람이다.

그러나 현실적으로 많은 사람은 매일 하는 일에 대한 즐거움을 느끼지 못하고 있다. 즐거움을 느끼지 못할 뿐 아니라 지겨운 것으로 여기기도 한다. 이런 인식은 거의 습관화되어, 일이란 그저 생존을 위해 고통스럽게 해야 하는 것으로 여긴다. 이런 사람들의 하루하루는 그저 고통스러운 상황의 연속일 뿐이다.

우선 일에서 즐거운 면과 즐겁지 못한 면을 함께 살펴보도록 하자.

즐겁지 못한 면

- 일 그 자체는 즐겁지 않은데 직업상 또는 의무상 어쩔 수 없이 한다.
- 일이 자신의 취미나 적성에 맞지 않는다.
- 일은 자기가 좋아하는 대로 할 수 있는 것이 아니라 상사의 지시나

- 규정에 따라 해야 하므로 자유롭지 못하다.
- 많은 일을 주어진 시간에 해야 하므로 스트레스가 온다.
- 같이 일해야 하는 동료가 마음에 들지 않는다.
- 일 자체는 좋지만, 직장 분위기가 싫다.

즐거운 면

- 하는 일 없이 있기보다는 일하고 있을 때 뭔가 보람을 느낀다.
- 일은 항상 뭔가 결실과 성과를 가져온다.
- 직장 동료와 어울려 일하는 데에는 또 다른 즐거움이 있다.
- 하는 일이 나의 전공이나 적성에 맞다.
- 일을 통해 나의 능력과 장점을 충분히 발휘할 수 있다.
- 막연히 놀고 있으면 번민이 늘지만 일은 고민을 덜어 준다.
- 열심히 일하면 밤에 잠이 잘 온다.

이처럼 일은 즐거운 면과 그렇지 못한 양면이 있다. 문제는 본인이 어떤 점에 착안하느냐에 달려 있다. 만일 본인이 일의 즐겁지 못한 점에 집중한다면 그 사람은 일하는 온종일 마음이 불편하고 짜증이 늘어날 것이다. 하지만 일의 장점에 집중하는 사람은 즐겁게 일할 수 있다.

이렇게 일을 하는 본인의 시각에 따라 즐겁게 일하는 사람과 고통스럽게 일하는 사람으로 구분되는데, 이런 시각의 차이는 일의 결과에서도 커다란 차이를 가져온다. 즉, 즐겁게 일하는 사람은 장시간 일에 열중할 수 있어 보다 많은 일을 처리할 수 있다. 반면 일을 고통스럽게 하는 사람은 조금만 일해도 짜증이 나고 싫증이 오기 때문에 큰 성과를 기대할 수 없다. 장기적인 관점에서 보면, 그 분야에서 성공하는 사람과 실패하는 사람으로 구분되는 분기점은 바로 자기 일을 얼마나 즐기는가 하는 데에 달려 있다.

이는 우리가 주변에서 흔히 보는 현상이다. 공부를 즐기는 학생이 공부를 잘하고, 연구를 즐기는 학자가 그 분야에서 뛰어나며, 비즈니스를 즐기는 사업가가 성공하는 것은 당연하다. 그러면 자기 일을 즐기는 문제를 낙관주의의 측면에서 살펴보자.

첫째, 낙관적 시각에서 보아야 일의 즐거운 면이 보인다.

자기가 하는 일을 비관적 관점에서 보면 일의 고통스러운 점만 부각된다. 위에서 예시한 일의 즐겁지 못한 면은 부정적 시각에서 볼 때 그대로 드러난다. 그러나 낙관적 시각에서 보면 같은 일이라도 즐거운 면은 얼마든지 발견할 수 있다. 이런 점에서 일을 즐겁게 하기 위해서는 낙관적 시각이 필요하다.

둘째, 낙관적인 사람은 상황이 좋지 않을 때도 궁지에서 쉽게 벗어난다.

일하다 보면 매우 어려운 상황에 빠질 때도 잦다. 예컨대, 일의 해결이 몹시 어렵다든가 실패할 가능성이 높다든가 혹은 시간은 부족한데 일은 잔뜩 밀려 있는 경우가 있다. 공부하는 학생이라면 계획대로 공부가 진행되지 않는 경우가 될 것이다.

이런 좋지 못한 상황에서 비관적인 사람은 더 고통스러워하고 일을 더욱 싫어한다. 그렇지만 낙관적인 사람은 이런 현상을 일시적인 것으로 가볍게 여긴다. 그래서 일이 싫어질 수 있는 궁지에서 쉽게 벗어난다. 그들은 이런 때 이렇게 생각한다.

'일하다 보면 이럴 때도 있어. 하지만 이건 내 탓이 아니야. 그래서 내가 머리 싸매고 고민할 일도 아니지. 일은 곧 해결될 거야.'

'일이란 언제든 잘 풀리기만 하는 것은 아니지. 때로는 힘들었을 때도 있어. 그러나 다시 즐거운 시간이 돌아오게 마련이야. 이런 고민도 하나의 좋은 추억이 될 거야.'

문제가 발생한 이유를 성찰하여 외부의 원인에서 발생한 경우가 분명하다면 위처럼 자신을 위로하며 마인드 컨트롤을 하고, 문제가 자기 내부에서 발생하였다면 그것을 인정하고 자신의 온전함을 회복하는 데 에너지를 쏟으면 그만이다.

셋째, 낙관적인 사람은 밝은 미래를 내다본다.

낙관적인 사람은 같은 일을 하면서도 일이 잘 성사되는 밝은 미래를 생각한다. 반면 비관적인 사람은 일이 제대로 되지 않는 어두운 미래를 염두에 두고 있다. 이렇게 미래를 내다보는 목표가 다른 데 따라 일하는 사람의 마음 상태는 달라진다. 밝은 미래를 향해 나아가는 사람은 일이 즐겁고 마음도 든든하지만, 일이 실패하리라는 우려와 걱정에 잔뜩 젖은 사람은 하는 일이 즐거울 수가 없다.

승진할 만한 자격

처음에는 다 같은 신입 사원으로 출발하지만, 어떤 동기는 10여 년 만에 임원이 되는가 하면 또 어떤 동기는 20년이 지나도 과장이나 부장에 머무는 경우도 많다. 같은 직장에서 고위 간부가 되는 사람과 그렇지 못한 사람은 분명한 차이가 있으며, 이 역시 낙관주의의 시각에서 구분해 볼 수 있다.

일반적으로 직장에서 임원이나 사장과 같이 간부가 되는 사람은 긍정적 사고방식과 낙관적 비전이 강한 경우가 많다. 이는 직장 내에서 낙관주의 또는 비관주의의 수준을 간부와 그 외 직원의 언행을 비교 평가해 보면 쉽게 알 수 있다.

왜 낙관적인 사람이 승진에 유리하고 간부가 될 확률이 높을까? 여기에 대해서는 다음과 같은 원인을 들 수 있다.

첫째, 낙관적인 사람이 업무 면에서 뛰어나다.

비관적인 사람은 일에 의욕이 적고 적극성이 없어서 열심히 하지 않는다. 따라서 업무 경쟁에서 낙관적인 사람이 매번 앞서게 되어 있다. 또 낙관적인 사람은 모험심도 강하고 행동력이 있기 때문에 항상 선두에서 남을 이끌어 간다. 이처럼 업무 면에서 돋보이면 쉽게 능력을 인정받을 수 있고 승진도 빠른 것은 당연하다.

둘째, 낙관적인 사람은 직장에서 인기가 좋다.

일반적으로 비관적인 사람은 우울하고 다른 사람과 가까이 사귀는 것을 좋아하지 않아 외톨이가 되기 쉬운 데 반해, 낙관적인 사람은 인상이 밝고 사람 사귀기를 좋아해 주위에서 호감을 얻는다.

조직 생활에서 대인 관계가 좋아 인기가 높다는 것은 대단한 자산이 아닐 수 없다. 조직의 생리는 업무 면에서 일일이 따지려 들기보다 인간적으로 가까운 것이 더 힘이 될 때가 많다. 이런 점에서 직장에서 상사나 동료에게 인기가 있다면 그만큼 승진이나 보직에 절대적으로 유리하다.

셋째, 낙관적인 사람은 항상 긍정적인 방향으로 나아간다.

어느 직장이나 앞에 놓인 어려운 문제를 잘 해결해야 하는 과제를 안고 있다. 그리고 이런 면에서 능력을 발휘하는 사람이 인정받는다. 회사 운영이 어려운 궁지에 처했을 때 비관적인 결론을 내리고 후퇴하려는 사람은 간부가 될 자격이 없을뿐더러, 간부로 발탁되기도 어렵다. 이런 어려운 상황에서 문제의 긍정적인 면을 분석하여 돌파구를 찾고 책임 앞에 서는 사람이 돋보일 수밖에 없다.

어떤 어려운 상황에서도 문제를 헤쳐나갈 아이디어를 내는 사람이 있다. 비관적인 사람은 이런 상황에서 그저 모든 것이 끝난 것처럼 생각하고 말하지만, 낙관적인 사람은 가느다란 희망선을 더욱 연구하여 궁지에서 빠져나갈 방도를 마련한다.

조직의 간부나 리더가 될 사람은 이런 자질을 갖추어야 하며, 이런 자질이 있는 사람은 언젠가는 최고 간부의 위치에 오를 가능성이 높다. 만일 조직의 리더가 낙관적이지 못하고 비관적인 시각을 갖는다면 그 조직이 갈수록 침체될 것은 불을 보듯 뻔하다.

어느 조직이든 간부는 낙관적 신념이 뚜렷해야 한다. 회사라면 부장, 이사, 사장은 부하 직원보다 낙관성이 뛰어나야 한다. 어느 조직이든 아랫사람은 다소 소극적이고 상사의 지시에 따라 마지 못해 끌려가는 면이 많다.

그런데 상사조차 소극적이라면 그 조직은 전체적으로 소극적인 운영에서 벗어나지 못한다.

구체적인 예를 들어보자.

무역회사의 수출부장인 A는 최근 수출이 부진하여 고민에 싸여 있다. 수입 원자재 값은 갈수록 오르고 인건비도 너무 오른 데 비해 수출 가격은 그대로 묶인 상태다. 그래서 직원들은 한결같이 금년도 수출은 가망이 없는 것으로 생각하고 있지만, A 부장은 생각이 달랐다. 생산가격이 오른 건 사실이지만 일본 제품과 맞먹는 품질을 갖춘다면 나름대로 경쟁력이 있다고 판단하였다.

이는 A 부장의 오랜 무역 업무 경험과 그의 뛰어난 낙관적 시각에서 나온 것이었다. 그는 모든 상황을 분석한 결과 종전에 일본 제품이 진출하던 남부 유럽 시장이 가장 좋은 대상이라는 점을 알아내고 이 지역에 대한 집중적인 판매 활동을 펼쳤다. 그 결과 그해의 수출 물량은 전년도보다 15퍼센트를 앞서게 되었다.

원래 간부라는 자리는 부하 직원을 독려하여 목표를 달성하도록 하는 임무를 지닌다. 따라서 사기가 떨어지고 의욕이 저하된 직원을 이끌고 나갈 리더십이 필요하며, 이때 강력한 리더십을 뒷받침 해 주는 요소가 바로 낙관적 신념이다.

낙관적 신념이 뚜렷한 간부는 부하 직원을 격려하여 어려운 고비를 넘기며 무난하게 목표에 접근한다. 그러나 낙관적 비전이 뚜렷하지 못한 간부는 자신도 부하 직원과 같이 사기가 위축되어 뒤떨어지고 만다.

부정당했을 때 드러나는 낙관적 시각

직장 생활에서 가장 관심이 쏠리는 부분은 인간관계로서, 그중에서도 특히 상사와의 인간관계일 것이다. 상사와의 관계가 불편하면 직장 생활은 괴롭기가 한이 없다.

그래서 상사와 좋은 인간관계를 유지한다는 것은 직장 생활에서 대단히 중요하다. 그러면 상사와의 좋은 인간관계를 유지하는데도 낙관주의가 필요할까? 여기에 관해서 구체적인 사례를 들어 보려고 한다.

직원 A는 직속 상사인 부장에게 업무에 태만하다는 이유로 꾸중을 들었다. A의 생각에는 자신이 잘못한 점도 있지만, 부장이 지나치게 자신에 대해서 꾸중하는 게 아닌가 하는 불만이 생겼다. 이런 상황에서 직원 A는 두 가지의 상반된 생각을 할 수 있다.

부장은 원래 내게 잘해 주는 사람인데 그때는 기분이 좋지 않은 일이 있었던 게 틀림없어. 내게도 잘못은 있었잖아. 상사한테 혼나는 게 뭐 그리 심각한 문제인가? 일하다 보면 그럴 수도 있는 거 아니겠어?

부장은 정말 내게 감정이 많은가 봐. 나만 찍어서 이렇게 혼낼 때가 한두 번이 아니잖아. 똑같은 잘못도 다른 사람이 할 때는 덮어 두면서 왜 나만 그렇게 몰아세우는지 알 수가 없어. 이 사람 밑에서 난 가망이 없나 봐.

우선 낙관적인 생각을 할 때 상황이 전개되는 과정을 살펴보자. 이 경우 그 직원은 상사에게 특별한 개인감정을 품지 않는다. 따라서 다음에 그 상사와 만날 때에도 아무런 부정적 선입감이 없다. 그렇기에 평상시와 같은 인간관계를 유지할 수 있으며, 마침 좋은 성과를 올리게 되면 칭찬도 받는다. 이런 부하 직원을 대하는 상사도 자기가 그 직원을 꾸짖었던 기억은 잊어버리고 스스럼 없이 대할 수 있다.

그러나 비관적인 생각을 하는 직원은 이와 상반된다. 자신이 상사에게 미움을 받고 있다는 생각에 스스로 그 상사를 가급적 자주 대하지 않으려 할 것이며, 또 대하더라도 자연스럽지 못하고 어딘지 서먹서먹하거나 경계하는 자세가 될 수밖에 없다. 상사의 입장에서 보더라도 악의없이 꾸중 한번 한 것으로 해당 직원이 토라진 행동을 계속하면 매우 불쾌해진다. 결국, 이런 비관적인 생각으로 그 상사와는 불편한 관계가 지속될 확률이 높다.

직장 생활에서 상사와의 이런 인간관계는 하루에도 여러 번 발생할 수 있다. 불리한 상황이 발생했을 때 상사의 행동에 대한 해석을 어떻게 하느냐에 따라 그 상사와 좋은 관계가 맺어질 것인지 아니면 관계가 악화될 것인지가 결정된다.

대개 그런 상황을 살펴보면 상황 자체가 인간관계를 결정적으로 나쁘게 할 정도는 아니다. 다만 그 상황을 낙관적으로 해석하는가 아니면 비관적으로 해석하는가에 따라 이후의 인간관계가 전혀 다른 방향으로 전개된다. 일반적으로 대인 관계가 좋아지려면 상대방을 호의적으로 생각하고 상대방의 단점보다 장점에 집중해야 한다. 이는 대단히 중요한 분기점이다.

어떤 상대방을 호의적이지 않은 시선으로 보면서 그 사람과 좋은 관계를 맺는 일은 불가능하다. 사람은 감정의 동물이라 상대방에 대해 좋지 않은 감정을 가지면 자동으로 그 관계는 악화된다고 보면 틀림없다. 이런 점에서 상사와 좋은 인간관계를 가지려면 무엇보다 먼저 그 상사를 좋아하는 감정을 가져야 한다. 이를 위해서는 상사가 가진 모든 요소를 낙관적 시각에서 해석하는 것이 좋은 방법이다.

단순히 상사에 대하여 호의적인 감정을 품는 것 외에, 상사와의 대화나 만남이 있을 때마다 그 내용을 낙관적 입장에서 해석하는 일이 대단히 중요하다. 특히 상사에게 기분 나쁜 말을 들었거나 지적을 당했을 때 이를 해석하는 방법은 그 상사와의 관계에 결정적으로 중대한 영향을 미친다.

이런 불리한 상황을 비관적으로 해석하지 말고 낙관적으로 해석하도록 한다. 그래서 상사의 지적은 별것이 아니며, 더구나 상사가 개인적인 미운 감정으로 그러는 것이 아니라고 생각해야 한다.

상사와의 인간관계를 낙관적으로 해석하면 직장 생활이 훨씬 순조로워질 것이다. 상사와의 호의적인 관계는 동료나 부하 직원과의 관계에서도 마찬가지로 적용된다.

평소에 해 두는 마음의 준비

많은 직장인이 업무로 인한 스트레스에 시달리고 있다. 개인적인 일과는 달리 많은 업무를 제한된 시간 내에 그것도 일정한 규범에 따라 처리해야 하는 직장이라는 공간은 그 성격상 많은 스트레스를 준다. 업무가 생소한 사람은 생소한 대로, 업무에 능숙한 사람은 능숙한 대로 각기 스트레스를 받을 때가 많다.

사실 직장이란 생활의 수단이자 인생의 가치를 실현하게 하는 터전이다. 여기서 인생의 승부가 결정된다고 해도 과언이 아니다. 그러므로 직장인들은 각자 자신의 직장에서 온전하게 업무를 처리함으로써 성공적인 인생을 꾸려나가야 할 것이다.

그러나 많은 직장인은 직장에서의 일을 즐겁고 신이 나게 하지 못한다. 특히 돈을 벌기 위해 어쩔 수 없이 다니는 직장이라고 생각하는 사람들은 더더욱 중압감과 스트레스에서 벗어나기가 힘들다. 직장의 분위기가 개인적인 사정을 일일이 들어줄 정도로 여유로운 경우는 흔치 않다. 그래서 때로는 자신의 적성과 관련

없는 환경에서 근무하거나 아니면 상당한 격무에 시달릴 수도 있다. 그리고 직장 내의 불편한 상하 관계에서 오는 스트레스도 무시할 수 없다.

우선 직장 업무에서 스트레스가 오는 원인을 살펴보자.

- 일하는 분위기가 너무 경직되어 있다.
- 모든 일이 상사의 지시 위주로 되어 있다.
- 일보다도 직장 내의 인간관계가 마음에 맞지 않는다.
- 일이 너무 많다.
- 하는 일이 적성에 맞지 않는다.
- 상사와 불편한 관계에 있다.
- 모든 일이 지나치게 시간에 쫓기고 있다.
- 직장에 출퇴근하는 교통 문제로 고달프다.
- 다른 동료에 비해 승진이 늦다.

이외에도 직장 일로 인한 스트레스의 원인은 수없이 많다. 중요한 점은 직장 생활을 할 때 가급적 스트레스를 적게 받으며 일하는 것이다.

그렇다면 직장 스트레스는 낙관주의와 어떤 관계가 있을까?

한마디로 낙관성이 풍부한 사람이 비관적인 사람보다 스트레스를 훨씬 덜 받는다고 말할 수 있다. 이는 비관적인 사람은 자신이 처한 상황을 항상 불리하고 심각하게 받아들이지만, 낙관적인 사람은 그렇게 심각하지 않게 해석하기 때문이다.

직장 일로 인한 스트레스를 낙관주의 연습으로 극복하는 사례를 들어 보자.

요즘, 회사원 A는 아침에 일어나서 출근할 생각만 하면 머리가 아프다. 불경기로 회사 사정이 좋지 않고, 그러다 보니 상사의 잔소리는 점점 심해지는데 실적을 올릴 방법이 떠오르지 않기 때문이다. 그래서 A는 아예 출근하기가 싫고 일할 기분도 나지 않는다.

부정적 생각 : 아예 사표를 내고 다른 일자리를 찾아볼까? 지금 이 직장은 가망이 없잖아. 무엇보다 일할 기분이 나지 않는단 말이야.

반박 : 아냐. 내가 너무 비관적으로 생각하고 있어. 지금은 불경기라 우리 회사만 그런 게 아니라 전반적으로 어려워. 이 회사는 그래도 저력이 있어. 이런 때일수록 내 능력이 돋보일 수도 있거든.

다시 부정적 생각 : 그래도 매일 일하기가 힘들어. 상사가 요구하는 실적을 올릴 수 없을 것 같아. 우리 부장도 윗사람들에게 지시를 받으니까 어쩔 수 없기는 하겠지만 매일 독촉을 하니 견딜 수가 있어야지.

다시 반박 : 다른 회사도 마찬가지야. 여기서 나가 다른 직장을 못 구해 빈둥대기보다는 지금 좀 더 노력하는 게 좋을 것 같아.

이렇게 한 1, 2년 버티다 보면 무슨 수가 생길 거야. 지금은 맡은 일을 즐겁게 하도록 노력해 봐야지.

　　→ 긍정적 결론

　직장에서 생기는 각종 스트레스에 대해서 우선 본인이 스트레스를 받지 않도록 평소에 마음의 준비를 해 두어야 한다. 이를 위해서는 낙관주의를 연습해 두는 것이 좋다. 낙관적인 사람은 사소한 일로 스트레스를 받지 않는다. 마치 제비가 물 위를 가볍게 스치고 날아가듯이 다른 사람은 스트레스로 생각하는 일도 이들은 아무렇지 않게 처리하는 것이 가능하다.

　똑같은 상황에서도 스트레스를 받는 사람과 그렇지 않은 사람, 스트레스를 심각하게 받는 사람과 가볍게 여기는 사람이 있다. 중요한 것은 다른 사람은 심각한 스트레스로 여기는 일도 가볍게 웃어넘길 만한 여유가 있어야 한다는 점이다. 이는 낙관적 시각을 확실하게 가짐으로써 가능해진다.

　특히 직장 생활에서 좋지 않은 상황을 만났을 경우, 예를 들면 상사에게 꾸중을 들었을 때, 업무 실적이 나쁠 때, 동료와 다투었을 때, 격무로 시달릴 때 등과 같은 상황에서 낙관주의를 유지하는 것은 매우 중요하다. 이런 상황에서는 낙관주의 연습의 기법을 적극 활용하는 것이 필요하다.

2장
낙관주의라는 변수

자기 반박의 기법

개인에게서 낙관주의는 대단히 중요하다. 흔히 우리는 인생에서 중요한 요소로 능력이나 재능 또는 운을 꼽지만, 그보다도 낙관주의가 중요한 변수로 작용한다는 사실을 간과하고 있다. 같은 수준의 능력이나 재능을 가졌더라도 낙관주의 여부에 따라 그 능력이 달라진다. 우리는 주변에서 낙관주의가 결여된 관계로 심각한 인생의 위기를 겪는 사람을 자주 본다. 예를 들어 자살을 기도하는 사람이 반드시 인생의 벼랑 끝에 다다른 것은 아니다. 좋은 환경과 조건에서 살고 있는 사람도 스스로 비관적인 생각에 빠져 더는 헤어날 수 없다고 판단하면 결정적인 위기에 처하게 된다.

아이들도 마찬가지다. 성적이 나빠 극도의 비관에 빠지는 아이들은 반드시 공부를 아주 못하는 아이들이 아니다. 이들보다는 성적이 우수한 학생 중에 일시적으로 성적이 떨어진 학생들이 정신적으로 위험한 좌절을 겪는다. 사회는 남들보다 크게 뛰어나거나 능력 있는 사람만 살아갈 자격이 있는 것이 아니다. 이보다는 평범하게 살아가는 사람들이 대부분이고, 그들에게는 주류의 잣대로 잴 수 없는 가치가 있다. 평범한 사람들에게는 낙관적 인생관만 확실하다면 얼마든지 인생을 즐겁고 의미 있게 꾸려나갈 수 있다.

여기서 개인의 능력과 주변 환경과의 함수관계를 생각해 보자. 개인의 의지와 능력에 따라 자신의 주변 여건을 바꾸어 나가는 사람도 있겠지만, 그렇게 환경을 바꾸기보다 환경에 적응하는 것도 현명한 방법이다. 누구나 경제적으로 더 윤택하게 살고 싶지만, 현실적으로는 그것이 쉽지 않다. 이런 경우, 이루어지지 않는 현실에 불만을 느끼기보다는 현실에 잘 적응하는 편이 더 현명하다.

개인의 낙관주의는 이렇듯 여러모로 부족한 현실을 긍정적으로 해석하고 자신을 현실에 적응시키는 데 결정적인 역할을 한다. 구체적인 예를 들어 보자.

A는 한 기업체의 부장이다. 그는 이 기업체에서 15년째 근무하고 있다. 입사한 지 13년이 지나서 겨우 부장 자리로 승진했지만, 앞으로의 승진은 그야말로 까마득하다. 그가 하는 업무도 10여 년째 비슷해서 새로운 맛이 거의 없다. 매달 받는 봉급 또한 겨우 생활을 꾸려나갈 정도로 빠듯하다. 남들이 흔히 가는 여행을 갈 형편도 마음의 여유도 없다.

이런 상황에서 본인이 생각해 볼 수 있는 긍정적인 면과 부정적인 면은 다음과 같다.

긍정적인 면

- 대학을 나왔고 정상적인 직장 생활을 하고 있다.

- 생활이 안정되어 있다.

- 아내와 관계도 좋고 아이들도 잘 자란다.

- 사회적으로 그렇게 푸대접받지는 않는다.

- 직장 생활을 꾸준히 하면 중년기 이후도 보장된다.

- 주위에서 사업하던 친구들이 성공한 예가 드물다.

- 주말이나 휴가가 보장되어 있다.

부정적인 면

- 생활이 단조롭고 따분하다.

- 수입이 항상 고정되어 있어 여유가 없다.

- 대학이나 고등학교 동창 중에 출세한 친구가 많다.

- 미래에 대한 뚜렷한 비전이 없다.

- 직장 일이 이제는 무척 단조롭다.

- 월급쟁이에서 벗어나 무언가 새로운 일을 하고 싶다.

누구나 자신이 처한 여건과 환경에서 부정적인 면과 긍정적인 면이 복합적으로 존재한다. 다만, 그 사람이 가진 비관성이나 낙관성에 따라 현실을 해석하는 기준이 달라진다. 비관주의자는 자신이 처한 환경에서 부정적인 면을 강조하고 이를 기준으로 자신의 인생을 해석할 것이다. 이에 비해 낙관주의자는 긍정적인 면으로 현실을 해석하게 된다.

이처럼 똑같은 환경에 처해 있어도 본인이 가진 시각에 따라 자신의 인생이 밝게도 보이고 어둡게도 보인다. 그리고 낙관성이나 비관성의 정도에 따라 밝거나 어두운 정도도 결정된다.

예를 들어 낙관성 수준이 높은 사람은 부정적인 면은 아주 사소한 것, 일시적인 것, 자신에게만 국한되지 않는 것으로 보지만, 긍정적인 면은 아주 크고 영구적이며 개인적인 것으로 본다.

반대로 비관적인 사람은 현실의 부정적인 면을 보는 데 익숙해져 있다. 그래서 이들은 자신의 에너지나 능력을 제대로 발휘할 수가 없다. 그리고 자주 우울증에 빠지며 자기 회의와 번민에 싸일 때가 많다. 똑같은 능력이나 두뇌를 가졌다 해도 비관주의자인가, 낙관주의자인가에 따라 잠재 능력이 발휘되는 정도는 크게 차이가 난다. 문제는 자신이 가진 비관적 시각을 어떻게 낙관적 시각으로 바꾸는가에 달려 있다. 여기서 제시하는 자기 반박의 기법으로 부정적인 생각에 대응하는 연습을 할 수 있다.

상황 1 : 15년째 같은 직장에서 근무해 생활이 단조롭고 따분하다

부정적인 생각 : 다른 친구들은 사업에서 성공하거나 각 분야에서 출세하고 있는데 나만 이렇게 따분한 봉급쟁이 신세를 못 면하고 있지 뭐야.

반박 : 출세한 친구들도 더러 있지만, 형편없이 실패한 친구도 많아. 그에 비하면 나는 다행이지 뭐야. 좀 따분하긴 하지만 직장 생활하는 사람들은 다 마찬가지 아닌가?

다시 부정적 생각 : 아무래도 봉급쟁이는 한계가 있게 마련이야. 더 나이 들기 전에 탈출해야 하지 않을까? 기회가 많을 것도 같은데…….

다시 반박 : 전직하는 문제는 나중에 생각하기로 하자. 그건 별개로 치고 지금 이 생활이 그렇게 따분한 것만은 아니야. 오히려 사업하는 친구들보다 골치 썩는 일이 없어서 편하지 뭐. 주말에는 마음 편하게 쉴 수 있잖아. 괜히 대책 없는 공상에 젖지 말고 지금 생활에 만족하는 것도 방법이거든.

→ 긍정적 결론

상황 2 : 수입이 고정되어 있고 경제적 여유가 없다

부정적 생각 : 대학 동창 A는 오퍼상을 해서 기반을 잡고 돈을 꽤 벌고 있는데 나는 맨날 똑같은 봉급에 매여 있으니 살맛이 나지 않아. 게다가 봉급은 아내가 통째로 관리하고 있으니 난 겨우 용돈이나 타서 쓰는 신세잖아…….

반박 : A는 운이 좋았던 거야. 사업한다고 다 성공하나. 내가 사업한다고 성공한다는 보장도 없잖아. 지금 내 생활이 좀 답답하긴 하지만 그렇게 형편없진 않아.

다시 부정적 생각 : 그래도 난 비전이 없잖아. 정년 때까지 이 생활을 계속한다는 건, 생각만 해도 지겨워……. 무슨 수가 없을까?

다시 반박 : 생각하기 나름이야. 지금 안정된 생활을 하고 있잖아. 저축도 해나가고 있고 말이야. 괜히 욕심을 부리다가 고생하지 말고 이 생활에 만족하는 길을 찾아봐야겠어.

→ 긍정적 결론

이처럼 부정적인 생각에 대하여는 '자기 반박의 기법'으로 자신과의 대화를 진행하는 것이 효과적임을 알 수 있다. 부정적인 생각을 반박하는 대신 쉽게 수긍하고 인정해 버리면 부정성은 점점 뿌리를 내리고 가지를 치게 된다.

지금 이 순간 당장의 행복

우리는 왜 열심히 일하는가? 궁극적으로 행복하기 위해서다. 그러나 행복은 내일이나 먼 미래에 있기보다 지금 당장 이 시간에 존재하는 것이 더 중요하다. 지금 이 순간에도 당신은 진정으로 행복해질 필요가 있다.

무엇이 행복을 보장하는가? 이는 각자의 가치관에 따라 다를 것이다. 경제적인 부富나 명예 또는 적성에 맞는 직업 등 행복을 가져다 주는 요소는 다양하다.

그런데 이런 외형적인 요소보다 기본적으로는 자신이 만족하고 즐거워야 한다는 점을 무시할 수 없다. 물질과 명예가 갖추어져도 본인이 스스로 만족하지 못하면 단순한 장식물에 불과할 뿐이다.

이런 점에서 당신은 항상 즐거워야 한다. 당신이 24시간 동안 무슨 일을 하든 어떤 상황에 있든 정신적으로 만족스럽고 즐거운 상태에 있을 필요가 있다. 어떻게 이것이 가능할까? 그것은 자신의 마음속에 낙관주의를 키워나감으로써 이루어질 수 있다.

우선 당신의 마음속에 있는 정신적 평화나 즐거움을 해치는 부정적 요소들을 확인해 보자.

- 원인 모를 우울증
- 현실에 대한 불만
- 인간관계에서 오는 갈등
- 하는 일에 대한 짜증
- 금전적인 걱정
- 미래에 대한 불안감
- 병이나 신체적 불편에서 오는 불쾌감

이런 요소를 일일이 나열하기는 어렵지만, 아무튼 이성적 존재인 인간은 갖가지 근심 걱정과 불안에서 벗어나기 힘든 것처럼 보인다. 그러나 낙관성이 잘 갖추어지면 그만큼 상습적인 걱정의 늪에서 벗어나는 일이 가능해진다.

낙관주의 연습의 기법으로 이 문제에 접근해 보자.

상황 1 : 현실에 대한 불만

- 나쁜 상황 – 지금 살고 있는 환경이나 일하는 조건이 불만스럽다. 딱 꼬집어 이야기할 수는 없지만, 전체적으로 불만투성이다.

부정적 생각 : 뭐 재미있고 신이 나는 일이 좀 있어야지. 그저 맨날 같은 일뿐이니 너무 따분해. 남들은 신이 나게 휴가다 외국 여행이다 해서 야단인데 말이야.

반박 : 신이 나는 일이 그렇게 자주 있을 수 있나? 하루가 조용하게 지나가는 것도 괜찮은 일이지 뭐. 남들 신경 쓸 것 없어. 나는 나대로 생활 방식이 있는 거 아니겠어?

다시 부정적 생각 : 생활에 변화가 좀 없을까? 지금 살고 있는 아파트도 너무 좁고 답답해. 돈이 좀 돌아가서 널찍한 평수를 얻었으면 좋겠는데…….

다시 반박 : 내 나이에 이 정도 사는 것도 다행이지. 가만히 생각해 보면 내게도 괜찮은 조건이 꽤 있는 것 같아. 지금은 좀 답답하지만, 착실히 저축하고 있으니까 내후년 정도 되면 여유가 생길 거야. 금방 만족할 수 있나, 그때까진 좀 참자.

→ 긍정적 결론

상황 2 : 미래에 대한 불안감

• 나쁜 상황 – 뭔지 모르게 미래에 대한 불안감이 가득하다.

부정적 생각 : 지금까지는 그럭저럭 지내 왔지만 앞으로가 문제야. 사업의 장래도 불투명하고 무언가 해결하기 어려운 장애가 나타날 것만 같아. 구체적인 문제가 발생한 것도 아닌데 왠지

자꾸만 불안해져.

반박 : 일어나지도 않은 장래 일을 미리 부정적으로 생각할 필요는 없잖아. 지금 당장 어떻게 해야 하는 것도 아니고 말이야. 내일 일은 내일 걱정하자.

다시 부정적 생각 : 다음 달에는 더욱 어려워질 것 같아. 자꾸 이런 식으로 나가다간 어떻게 하면 될지 모르겠어.

다시 반박 : 앞으로 일어날 긍정적인 일도 있어. 부정적인 일만 자꾸 예상할 필요가 없잖아. 지금까지 잘 꾸려 온 것과 마찬가지로 다음 주에도 뭔가 좋은 일이 생길 거야. 좋은 일을 더 많이 생각해 볼 필요가 있어.

→ 긍정적 결론

[상황 1]과 [상황 2]에서 본 바와 같이, 하루 24시간을 즐겁고 행복하게 보내기 위해서는 마음의 평온과 즐거움을 깨는 요인에 대해 자기 내부에서 끊임없이 반박해야 한다. 이는 마치 다른 사람이 마주 앉아서 부정적인 생각을 주장할 때, 당신이 그렇지 않다고 강력하게 반박하는 일과 같다. 당신이 반박해야 할 상대방은 바로 당신 자신의 부정적인 마음이다. 반박하는 이유나 근거는 무엇이든 좋다. 자기 자신의 부정적인 의심을 잠재울 수 있는 것이면 충분하다. 이렇게 부정적 생각의 요인을 반박함으로써 긍정적 생각이 피어날 터전을 마련해야 한다. 낙관주의 연습은 이를 위한 기법이다.

행복한 자는 희망으로 산다

고대 그리스의 시인 핀다로스는 '행복한 자는 희망에 의하여 산다'라고 말했다. '희망'이라는 말만큼 사람에게 신선한 활력을 제공해주는 용어도 없을 것이다. '희망이 가득한 사람'이나 '희망이 넘치는 가정'은 그만큼 행복하고 활기에 넘친다.

이와 반대로 절망에 빠진 개인이나 가정은 불행할 수밖에 없다. 그러면 희망과 절망의 차이는 무엇일까? 물론 객관적 상황이 심각할 경우, 예컨대 가족이 사고를 당하였을 때 갑자기 희망을 이야기할 수는 없을 것이다.

하지만 많은 경우 희망과 절망의 갈림길은 외부의 객관적인 상황보다도, 이를 해석하고 느끼는 개인의 시각에서 발생한다. 그래서 똑같은 상황을 겪어도 희망을 잃지 않는 사람이 있는가 하면 조그만 불행을 당해도 쉽게 절망감에 빠지는 사람도 있다.

이처럼 희망과 실망을 갈라놓는 것 그리고 희망이나 실망의 정도를 결정하는 요소는 다름 아닌 낙관성의 수준이라는 것이 밝혀지고 있다. 가령 아침에 잠자리에서 일어나서 그날 하루를 희망적으로 보는가 아니면 실망 담긴 눈으로 보는가 하는 것은 그 사람이 가진 낙관성의 수준에서 비롯된다고 할 수 있다.

낙관성이 풍부한 사람은 그날 일어날 즐겁고 희망적인 일을 상기하며 기분이 들떠 있을 것이다. 이에 비해 비관성이 강한 사람은 그날 일어날 우울하고 지겨운 일에 대한 생각에 몸이 천근만근 무거워질 것이다. 똑같은 개인에서도 이처럼 낙관성 수준에 따라 희망과 실망이 갈라진다. 여기서 중요한 점은 개인 생활에서 희망을 최대한 많이 갖는 것이다. 말하자면 자신도 모르게 늘 실망 섞인 기분에 빠져 있는 상태에서 벗어나 희망이 넘치는 상태에 도달하는 것이다. 이를 위해서 역시 낙관주의 연습의 기법을 응용할 수 있다.

우선 개인적으로 왜 실망스러운 기분이 드는지 분석해 보자.

- 주변의 일이 시시하다고 느낄 때
- 하는 일에서 흥미를 느끼지 못할 때
- 생활에서 스트레스를 받고 있을 때
- 앞으로 일어날 일에 대한 기대가 없을 때
- 자신의 미래에 비전이 없다고 생각될 때
- 하고자 하는 일이 순조롭게 해결되지 않을 때

개인적으로 실망스러운 기분이 드는 경우를 일일이 열거하기는 어려울 것이다. 문제는 이런 개별적일 때 실망스러운 기분을 어떻게 희망적인 느낌으로 바꾸는가 하는 것이다. 구체적인 예를 살펴보자.

상황 1 : 앞으로 일어날 일에 크게 기대할 수 없을 때

• 나쁜 상황 - A는 지난주에 승진 시험을 보았는데 기대보다 훨씬 못 미치는 수준이었다.

부정적 생각 : 틀림없이 떨어질 거야. 정말 떨어지면 어떡하지? 주위 동료가 다 알게 될 텐데 무슨 창피야. 좀 더 준비를 철저히 하는 건데 잘못했어.

반박 : 시험 결과는 기다려 봐야 해. 지레 겁을 먹을 필요는 없잖아. 내가 처음 기대했던 것보다는 못하지만 그래도 그렇게 비관적인 건 아닐지도 몰라.

다시 부정적 생각 : 아무리 생각해도 승산이 없어. 같이 시험 본 동료는 꽤 잘 본 모양이던데. 정말 내가 너무 소홀했어. 한 달만 철저히 준비했어도 이런 걱정은 안 해도 되는 건데.

다시 반박 : 아니야. 자꾸 떨어질 일을 예상하는 건 아무런 도움이 되지 않아. 그리고 한 번 떨어진다고 해서 그렇게 큰일 나는 것도 아니야. 내년에 다시 보면 되지 뭐. 남들한테 창피하다고 생각할

필요가 뭐가 있어. 승진 시험에 떨어지는 게 뭐 나 혼자뿐인가?

　→ 긍정적 결론

상황 2 : 미래에 비전이 없다고 생각될 때

• 나쁜 상황 - A는 평범한 30대 샐러리맨이다. 그는 어느 중소기업체에서 10년째 근무하고 있다. 그는 아내와 자녀 둘을 둔 평범한 가장이기도 하다.

부정적 생각 : 난 여태 무얼 하고 살아왔을까? 재산을 여유 있게 모은 것도 아니고, 직업이 그럴듯한 것도 아니야. 그저 매달 빠듯하게 살아갈 뿐이니, 나의 미래도 이런 식으로 별 볼 일 없을 거야. 뭐 좀 뾰족한 수 없을까?

반박 : 난 아직 30대인데 인생을 다 산 것같이 비관적으로 생각할 필요가 없잖아. 아직도 기회는 얼마든지 있어. 지금 샐러리맨으로 사회 경험을 착실히 해 두는 것도 장래를 위해서 좋은 일이야. 사람 앞일을 누가 알아? 좋은 방향으로 생각해 볼 수도 있어.

다시 부정적 생각 : 소도 비벼 댈 언덕이 있어야 일어선다고 지금 어떻게 해 볼 기반이 전혀 없잖아. 이런 식으로 나가다가는 50대가 되어서도 마찬가지일 거야.

다시 반박 : 가만, 무조건 욕심만 낼 게 아니라 내가 가진 조건을 자세히 살펴봐야지. 이렇게 살아가는 것도 괜찮은 방법이야.

큰 출세나 큰돈을 벌겠다는 것도 아니야. 난 가족이 오순도순 살아가는 게 좋아. 이렇게 살다 보면 괜찮은 기회가 반드시 생길 거야. 난 미래를 희망적으로 믿어.

→ 긍정적 결론

지금 당신을 실망하게 하는 갖가지 조건은 생각하기에 따라서 그렇게 나쁘지 않은 경우가 많다. 또 당신보다 못한 조건에서 어렵게 지내는 사람들은 얼마나 많은가? 사람의 욕심은 끝이 없는 법이다. 욕망을 추구하면서 반사적으로 충족되지 못하는 불만의 늪에서 허우적대기보다, 현실의 소소한 행복을 누리는 편이 더 현명할 때가 많다.

사람은 누구나 희망이 넘쳐야 한다. 희망이 넘치는 사람은 생활이 밝아지고 의욕에 차 있어 개인적으로 행복할 뿐만 아니라 하는 일도 훨씬 더 능률적으로 해낸다.

그러면 어떻게 실망적인 분위기에서 벗어나서 항상 희망이 넘치는 삶을 살아갈 것인가? 그것은 낙관주의 연습으로 실망스러운 기분을 만드는 갖가지 부정적인 생각을 끊임없이 반박함으로써 가능하다. 당신이 생활하면서 겪는 갖가지 실망스러운 일에 무력하게 굴복하거나 쉽게 수긍하지 말자. 이런 부정적 생각에 대해서는 철저하게 반박하는 언어 습관을 길들여야 한다. 성격이 밝고 명랑한 사람들은 이런 유의 낙관적인 언어 습관에 익숙해져 있다.

올바른 자의식

사람은 각자 남을 평가하는 것처럼, 자신의 가치에 대해서도 무의식적으로 평가하고 있다. 이것은 말하자면 자의식의 문제다.

어떤 사람이 자기 자신에 대하여 '나는 꽤 괜찮은 사람이야. 공부도 많이 했고 능력도 있고 또 사회에서 인정도 받고 있어. 모든 일을 다 잘하는 건 아니지만, 남들한테 빠지지는 않거든'이라고 평가한다면, 이런 사람은 자의식 수준이 높다고 할 수 있다.

그러나 이와 반대로 자의식 수준이 낮은 사람도 많다. 이들은 자기 자신에 대하여 이렇게 생각한다.

'나는 남들만큼 학벌도 안 좋고 능력도 그렇게 뛰어난 것 같지 않아. 나름대로는 열심히 한다고 하는데 늘 결과가 별로야. 난 그렇게 유능한 사람 축에는 못 끼는가 봐.'

자의식에 관한 문제는 사실 이상으로 살아가는 데 큰 영향을 미친다. 우선 자의식이 낮은 아이들은 무언가 풀이 죽어 있고 때로는 열등감에 빠져 있기도 하다. 자기 자신에 대한 신뢰도가 낮고 자신감을 갖지 못할 뿐 아니라 조금만 불리한 상황을 만나면 예민해져 쉽게 굴복하거나 포기하고 만다.

이런 심리적 특성은 성인도 마찬가지다. 예를 들어 어느 직장에 조건이나 외모가 괜찮은 젊은 남성 A가 있다고 해 보자. 주위에서는 누구나 그를 전도가 유망한 청년으로 인정하고 있다. 결혼 적령기인 A에게 마음을 두고 있는 주위의 여성도 여럿 있다. 그런데 불행하게도 A는 자주 비관적 생각에 빠지고 자기 자신에 대한 자의식도 매우 낮다. 그래서 자신을 정말 무능하고 별 볼 일 없는 존재로 여기고 있다. A는 같은 직장에 있는 한 여성을 마음에 두고 있지만, 자신감이 없어 프러포즈 한 번 해보지 못하고 속으로만 고민하고 있다.

이에 비해 같은 직장에 있는 다른 청년 B는 자의식이 높고 자부심이 대단하다. B는 소극적인 A와는 상반되는 행동을 취한다. 즉, B는 자신의 능력이나 조건 또는 재질을 사실 이상으로 평가한다. 그래서 비교적 자신 있게 모든 일을 처리한다. 비록 B는 학력이나 집안 배경 등 객관적 조건으로는 A와 비교할 수 없지만, 자기가 마음먹은 대로 할 수 있다는 자의식을 갖고 있다. 그렇기에 B는 A가 마음에 품고 있는 여성에게 자신 있게 프러포즈한다.

자신의 가치를 스스로 믿고 행동하는 사람에게는 그만큼의 결실이 따르게 마련이다.

그러면 이러한 자의식의 수준은 어떻게 결정되는가? 이 또한 낙관성의 수준과 직결되어 있다. 자신의 능력이나 조건 또는 재질을 긍정적으로 평가하는 사람은 자의식이 높을 것이며, 이와 반대로 부정적이고 비관적으로 평가 절하하는 사람은 자의식이 낮을 것이 틀림없다.

여기서도 낮은 자의식을 높이는 문제가 관심의 대상이 되지 않을 수 없다. 우선 자의식이 낮아지는 요인은 무엇인지 살펴보자.

- 자신의 능력에 대한 부정적 평가
- 자신이 이룬 성과에 대한 과소평가
- 자신에 대한 까닭 모를 회의감
- 다른 사람과 비교한 자신의 가치에 대한 평가 절하
- 다른 사람이 자신에 대하여 평가하는 데 대한 예민한 반응
- 과거에 실패한 기억의 누적

사람의 시각이나 인생관은 기본적으로 자신에 대한 가치관에서 비롯된다. 말하자면 세상을 바라보는 창구는 다름 아닌 자신의 자의식이다.

따라서 낙관적인 시각을 가지려면 자의식이 바로잡혀야 한다.

이를 위해 낙관주의 연습의 예를 들어 보자.

상황 1 : 자신의 능력에 대한 부정적 평가

• **나쁜 상황** - A는 대학 2학년생이다. 그는 재수 끝에 이류 대학에 입학했다. 대학에 들어온 뒤에도 그는 자신이 일류 대학에 들어간 친구들보다 모든 면에서 뒤떨어져 있다는 생각에서 벗어나지 못하고 있다.

부정적 생각 : 난 아직도 일류 대학에 두 번 떨어진 기억에서 벗어날 수 없어. 내 두뇌나 능력에 한계를 느꼈어. 일류 대학에 들어간 친구들을 생각하면 지금도 가슴이 서늘할 정도로 나 자신이 무능하고 못나 보여.

반박 : 내가 원했던 대학에 실패한 건 사실이지만 그것이 내 능력의 전부는 아니야. 인생에서 발휘되는 능력이나 기회는 다양한 거 아니야? 일류 대학에 못 들어간 게 좋은 것은 아니지만, 그것이 절대적인 기준은 아니야. 일류 대학 나온다고 전부 출세하는 것도 아니잖아? 어떤 면에서 보면 그 대학에 가지 않은 게 내게는 오히려 잘된 일일 수도 있다고.

다시 부정적 생각 : 이류 대학을 졸업하고 사회에서 제대로 행세할 수 있을까? 지금이라도 입시 공부를 다시 하는 게 낫지 않을까? 내 두뇌는 정말 이 정도밖에 안 되는 걸까?

다시 반박 : 난 공부하는 머리는 다소 뒤떨어지지만, 예능 면에서는 남들보다 뛰어나. 이 방면으로 내 능력을 연마하면 공부 잘하는 친구들보다 더 뛰어날 수가 있어. 일류 대학에 못 들어간 것만 한탄하기보다는 나의 숨겨진 소질을 계발하는 일이 더 중요해.

→ 긍정적 결론

상황 2 : 다른 사람이 자신을 평가하는 데 대한 민감한 반응

• 나쁜 상황 – A는 직장 내 동료 중에 누가 자신을 무능한 사람으로 평가하는 소문을 듣고 매우 상심하고 있다.

부정적 생각 : 난 정말 무능한 사람이 아닐까? 특히 요즘 들어 실수를 자꾸 연발하고 있어. 기억력도 많이 떨어진 것 같고……. 젊은 직원에 비하면 난 이제 한물간 것 같아.

반박 : 무슨 이야기야. 난 아직 펄펄하다고. 실수하지 않는 사람이 어딨어? 다 열심히 하려다 보면 실수도 있게 마련이야. 날 헐뜯는 친구들은 뭐 유능한가? 나도 잘하는 점이 많아. 지난달에도 부장이 날 특별히 칭찬해 주었잖아.

다시 부정적 생각 : 아냐, 작년에 업무 잘못으로 경고받은 적이 있지. 어쩐지 난 다른 직원보다 좀 떨어지는 것 같긴 해. 이러다가 승진도 밀리는 게 아닐까?

다시 반박 : 난 남들보다 특별히 뛰어난 면은 없지만 성실하다는

평은 받고 있어. 그리고 기획 업무에서는 내 능력을 알아주는 상사도 여럿 있어. 괜히 주눅이 들 필요는 없지. 좀 더 분발하면 나도 잘할 수 있을 거야.

→ 긍정적 결론

자신의 가치를 스스로 인정하는 자의식은 개인적인 행복감을 느끼거나 능력을 키우는 데 기초가 된다. 자신의 가치를 제대로 인정하지 않는 사람은 스스로 열등감에 젖기 쉽고 자신감을 가질 수도 없다. 그래서 누구든지 올바른 자의식이 필요하다. 이를 위해서는 자의식을 해치는 갖가지 선입견이나 잘못된 편견에서 벗어나야 한다. 자신을 사실 이상으로 평가 절하하거나 자신을 괴롭히는 자학은 절대로 고상한 취미가 아니라 자신의 감정과 능력을 억제하는 해악적 요소다.

자신의 능력이나 경력, 주위 사람들에게서 받은 평가 또는 개인적인 습관이나 외모에 대해서도 당당한 자의식을 가져야 한다. 이를 위해서는 해당 사항에 대해 긍정적이고 낙관적으로 해석하는 언어 습관이 대단히 중요하다. 자기 자신이 스스로 확립되지 않고서는 아무런 힘을 발휘할 수 없다.

미래를 바꾸는 낙관성 수준

사람마다 일정한 성격 유형이 있다. 예를 들어 무뚝뚝하다, 사근사근하다, 명랑하다, 사교적이다 하는 식으로 성격은 개인의 스타일을 특징적으로 나타낸다.

성격은 개인별로 어떻게 형성될까? 물론 성격은 선천적으로 타고난 면이 많기는 하지만 후천적으로 형성되는 면을 무시할 수 없다. 성장하면서 받는 학교 교육이나 가정 교육 또는 주위 환경이 성격 형성에 커다란 영향을 준다.

이 과정을 통해 형성된 성격은 각 개인의 인생에 지대한 영향을 미친다. 실제로 인생을 살아가는 데 특별한 능력이나 자질보다는, 좋은 성격이 훨씬 더 큰 영향을 미치고 있다. 성격은 우리가 살아가면서 맺게 되는 각종 인간관계에서 결정적으로 주요한 역할을 한다. 쉬운 예로 부부 관계가 파탄이 나는 주요 원인은 성격적으로 화합하지 못해서인 경우가 많다.

개인이 가진 낙관성 수준은 성격에 그대로 반영된다. 한마디로 낙관적 시각을 가진 사람은 성격이 밝고 명랑하다. 이에 반해 비관적 시각을 가진 사람은 성격이 어딘가 모르게 어둡고 우울하다.

이렇게 상반된 두 가지 유형의 성격 중에 밝은 성격이 어느 모로 보나 더 좋다. 똑같은 상황과 조건에 처해 있더라도 밝은 성격의 사람은 즐겁게 인생을 꾸려나가는 데 비해, 어두운 성격의 사람은 불만과 자학 속에서 괴롭게 살아간다. 다른 사람들에게 비치는 인상에서도 밝은 성격의 사람은 호감을 주는 반면, 어두운 성격의 사람은 혐오감이나 오해를 주기 쉽다.

따라서 대인 관계에서 밝은 성격의 소유자가 절대적으로 유리하다. 그렇기에 좋은 성격이라 할 때 흔히 밝은 성격이나 소탈한 성격을 꼽는다.

여기서 우리의 관심을 끄는 바는 낙관주의 연습으로 성격을 더욱 밝고 명랑하게 바꿀 수 있는가 하는 문제다. 물론 성격은 개인에 따라 거의 굳어진 것이기는 하지만, 변하지 않을 정도로 고정된 것은 아니다. 사람의 성격은 환경이 변하면 어느 정도 따라서 변하는 속성이 있다. 이 말은 개인의 낙관성 수준이 높아지면 그만큼 성격도 밝아질 수 있다는 뜻이다.

이런 관점에서 어두운 성격은 어떤 경우에 나타나는지 살펴보자.

- 비관적인 시각으로 세상을 바라볼 때
- 생활에 즐거운 면이 없다고 생각될 때
- 모든 것이 시시하게 느껴질 때
- 미래에 대한 희망이 느껴지지 않을 때
- 남들과 어울리는 것을 싫어할 때
- 만족과 감사함을 느끼지 못할 때
- 불만과 불평이 많을 때

이와 같은 어두운 면을 가슴속에 간직한 채 밝은 성격으로 바꾸기는 어렵다. 밝은 성격, 명랑한 성격을 만들기 위해서는 우선 마음속에서 비관적인 생각을 지워버리고 낙관성이 풍부한 밝은 면을 갖추어야 한다.

이를 위해 낙관주의 연습의 기법을 사용해 보자.

상황 1 : 모든 것이 시시하게 느껴질 때

- 나쁜 상황 - 가정주부 A는 요즘 도무지 즐거운 일이 없다. 생활은 늘 빠듯하고 아이들은 클수록 뒷바라지하기가 여간 힘든 것이 아니다. 나이 마흔이 되니 자신의 인생에 대한 회의가 깊어진다.

부정적 생각 : 이렇게 가족 뒷바라지만 하다가 인생을 다 보내게 되는 걸까? 젊은 시절에 꿈꾸었던 온갖 계획은 그냥 물거품같이 사라지고 마는 건가? 요즘은 집안일도 시들해지고 의욕도 뚝 떨어지는 것 같아.

반박 : 사람 사는 게 다 비슷하지 않을까? 다행히 아이들이 건강하게 자라고 공부도 잘하니 그게 보람 아닐까? 다른 친구들도 마찬가지 아닌가? 나 혼자만 그런 것도 아니야.

다시 부정적 생각 : 그래도 무슨 재미가 있어야지. 생활이 넉넉한 친구들은 외국여행도 간다지만 우리 집 형편은 그게 아니잖아. 아이들 공부 뒷바라지도 갈수록 힘이 드는데……

다시 반박 : 나와 같은 처지의 가정주부라면 모두 겪는 문제 아니겠어? 혼자 고민할 필요가 없을 것 같아. 이번 주말에는 가족과 기분 전환하러 지방에 여행이라도 가도록 해 봐야지. 그러면 기분이 좀 달라질 거야.

→ 긍정적 결론

상황 2 : 감사한 마음이 느껴지지 않을 때

• 나쁜 상황 - 여행사 직원인 A는 요즘 별로 기분이 좋지 않다. 업무는 갈수록 늘어나는데 대우는 조금도 나아지지 않아서다. 그러다 보니 일하는 도중에도 자꾸만 짜증이 난다.

부정적 생각 : 무슨 회사가 일은 몇 배로 늘어나는데 인원은 전혀 늘리지 않을까? 날마다 손님 문의나 요구가 쏟아지는데 직원 세 명이 처리하려니 너무 고달파. 그러니 손님에게 서비스할 마음도 내키지 않는걸.

반박 : 회사에 대한 불만은 개인적인 것이고 아무래도 서비스 업종인데 내가 밝은 얼굴로 친절하게 손님을 대해야겠지. 이렇게 바쁜 걸 윗사람들도 차츰 알게 될 테고 조만간 무슨 조치가 있겠지 뭐.

다시 부정적 생각 : 직원 늘린다고 약속한 게 언제야? 정말 이 회사는 가망이 없는 것 같아. 직원을 최대한 혹사하고 부려 먹을 모양이야. 늦기 전에 어서 내가 도망가는 게 상책일 거야.

다시 반박 : 아니야. 이 회사에 다니는 건 나를 위해서 아닌가? 여기서 많은 일을 처리해 보면 좋은 경험이 될 거야. 이 일은 내가 좋아서 선택한 거잖아. 마음을 좀 진정하고 이 일의 장점을 잘 생각해 봐야겠어.

→ 긍정적 결론

성격이 밝고 명랑하면 우선 다른 사람에게 호감을 주기에 어디에 가든지 환영받는다. 이에 비해 우울하거나 어두운 성격의 사람은 이유 없이 상대방에게 거부감이나 혐오감을 주기 쉽다. 따라서 사회생활을 하는 사람들은 평소에 밝고 명랑한 성격을 가지도록 노력할 필요가 있다.

이를 위해서는 자신의 주변에서 벌어지는 모든 일을 낙관적인 시각에서 해석하고 낙관적으로 생각하는 습관이 붙어야 한다. 특히 성격은 하루아침에 만들어지는 것이 아니라 평소에 낙관주의 수준을 높여서 마음속을 밝게 만드는 작업이 반복되어야 한다.

이것은 자라나는 아이들에게 더욱 중요하다. 어린 시절에 형성된 성격 유형은 평생 유지되는 경우가 다반사라 부모는 아이들이 우울하거나 어두운 성격을 갖지 않도록 유의해야 한다. 이를 위해서 아이들에게 끊임없이 낙관주의를 심어 주는 일이 필요하다. 그리고 아이들은 부모, 특히 엄마를 모방하는 면이 강해서 엄마는 비관성을 갖지 않도록 주의해야 한다.

낙관성과 인상 간의 상관관계

'이미지 메이킹'이라는 말이 유행어로 통용되고 있다. 현대사회에서 자신의 이미지를 남에게 좋게 알리는 일은 매우 중요하다. 그렇다면 어떤 이미지가 남에게 좋게 비칠까? 두말할 것도 없이 좋은 인상이나 친절한 태도, 호의적인 자세, 세련된 매너 등을 들 수 있다.

좋은 이미지는 사회생활이나 직장 생활에서 가볍게 볼 수 없는 요소다. 바쁘게 돌아가는 현대사회에서 사람마다 일일이 만나서 이야기를 나눌 기회는 많지 않다. 그러다 보니 그 사람에 대한 첫인상이나 이미지가 본인이 가진 갖가지 경력이나 지식 못지않은 비중을 갖게 된다.

이렇게 중요한 좋은 인상이나 좋은 이미지를 어떻게 만들 것인가? 물론 여러 가지 방법이 있겠지만, 낙관성과 좋은 인상과의 상관관계를 무시할 수 없을 것이다.

낙관성이 풍부한 사람은 표정이 항상 밝고 부드러운 이미지를 준다. 성격이 낙천적인 사람은 얼굴 인상이 다르다. 미소가 얼굴에서 떠나지 않으며 언어 표현 또한 항상 낙관적이기 때문에 전체적인 이미지가 더욱 밝게 느껴진다. 그래서 낙관적인 사람 치고 어두운 인상을 주는 사람은 없다고 보아도 좋다.

청년들은 좋은 인상이 특히 중요하다. 젊은이들의 매력은 외모가 주는 인상이 가장 으뜸이다. 젊은 사람의 인상이 우울하거나 어두운 느낌을 준다면 좋은 이미지라고 할 수 없다. 요즘은 여성뿐 아니라 남성도 정성 들여 화장하는 경우가 늘어난다고 하는데, 사실 가장 좋은 화장은 마음을 밝게 만드는 낙관주의 연습이라 아니 할 수 없다. 낙관적 성품을 가진 사람은 그 인상이 매우 밝고 활기차 보이며 또한 그 언어 습관에서 낙관적 표현을 자주 사용하여 전체적으로 밝은 분위기를 만든다. 밝은 분위기는 상대방에게도 활기를 전달하여 좋은 인상을 주게 된다.

낙관주의 연습으로 어떻게 좋은 인상과 이미지를 만들 수 있는지 살펴보자.

표정

우선 거울을 들여다보며 자신의 표정을 살펴보자. 표정이 무언가 시무룩하고 생기가 없게 보이면 마음속에 낙관적인 생각이 없거나 희박하다는 증거다. 여기서 낙관적인 여러 가지 생각을 의식적으로

키워 보자. 그리고 거울에 비친 자신의 표정을 다시 살펴보자.

밝고 명랑한 표정이 되기 위해서는 무엇보다 마음속이 밝아야 한다. 현실에 대해 낙관적인 해석을 하는 것 또는 앞으로 일어날 낙관적인 일을 상상하는 것으로도 마음은 밝아질 수 있다.

환한 미소

당신의 얼굴에 미소가 어려 있는가? 얼굴이 항상 무언가 근심 걱정이 있는 것처럼 찌푸려져 있다면 이는 비관적 생각이 당신의 마음을 사로잡고 있다는 증거다. 지금 그늘진 마음속의 비관적 생각을 없애도록 하자. 그리고 자신의 얼굴에 밝은 미소가 피어오르도록 의식적으로 낙관적 생각을 해 보자. 얼굴의 미소는 억지로 만들어서는 오래 가지 못한다. 밝은 미소가 가득하려면 낙관적 생각이 당신의 마음속에 끊임없이 피어올라야 한다.

영화배우 중에 표정이 밝고 얼굴에 미소가 사라지지 않는 사람은 그만큼 밝은 생각을 하기 때문이다. 항상 얼굴에 미소가 가득한 사람은 백만 달러짜리 이미지를 갖고 있다고 보아도 좋다.

명랑한 대화

개인이 쓰고 있는 말투나 억양 또는 대화의 내용도 한 사람의 이미지를 구성하는 중요한 요소이다. 비관적인 사람이 쓰는 말투는 매우 무겁고 처져 있는 느낌을 준다. 대화의 내용도 즐겁고 재미있는 내용보다 비판적이거나 심각한 화제를 즐겨 쓴다.

이에 비해 낙관적인 사람이 쓰는 말투는 가볍고 활기가 넘친다. 밝은 표정의 아이들이 쓰는 말투를 보자. 그들의 억양이나 표현은 그 자체로 생기를 담고 있다. 낙관적 신념이 투철한 정치가가 하는 연설에서도 이와 같은 분위기를 느낄 수 있다. 그들의 연설에서는 힘과 활기가 넘쳐흐른다.

행동이나 동작

낙관적인 사람과 비관적인 사람은 행동이나 동작에서도 대조적인 차이를 보인다. 일반적으로 비관성이 강한 사람들은 발걸음이 무겁고 행동이 경쾌하지 못하다. 20대 청년이라도 중년과 같은 행동을 보인다. 이들은 근심 걱정이 많고 마음이 우울해서 그것이 외부 행동에 그대로 비친다. 반면 낙관성이 강한 사람은 행동이 가볍고 쾌활하다. 행동이나 동작에서도 어두운 기색이 잘 보이지 않는다. 그들의 이런 행동은 다른 사람들에게 자신감을 보여 준다.

이상에서처럼 낙관적인 사람과 비관적인 사람은 말이나 행동 또는 표정에서 대조적이다. 여기서 중요한 바는 자신의 마음을 비관주의에서 낙관주의로 바꿈으로써 외부적 표현도 저절로 바뀌도록 해야 한다는 점이다. 낙관주의 연습이 거듭되면 자신도 모르게 외부적 표현이 저절로 달라진다. 자신의 낙관성 수준이 어느 정도 인지 손쉽게 알아보려면 외부적 표현부터 살펴보는 것이 좋다.

상황을 해석하는 습관

사고방식이 긍정적인 사람은 그만큼 밝은 인생을 살 수 있다. 자신의 미래를 보다 밝게 꾸려나갈 수 있기 때문에 긍정적 사고방식은 희망적인 삶을 위해서 대단히 중요하다.

이에 비해 부정적 사고방식은 자신의 주변에서 일어나는 모든 상황을 부정적인 시각에서 바라본다. 이들은 상황을 해석하는 시각이 부정적이기 때문에 웬만한 것을 '안 되는 것' '어려운 것' '할 수 없는 것'으로 단정해 버리는 습성에 젖어 있다. 똑같은 상황이라도 이들에게는 안 되거나 어려운 점이 더욱 크게 부각된다.

또 난관에 부딪혔을 때의 반응도 상반된다. 긍정적 사고방식을 가진 사람은 눈앞에 부닥친 난관을 과소평가하여 자신이 헤쳐나갈 수 있는 해결책을 발견하는 데 주력한다. 반면, 부정적 사고방식이 굳어진 사람은 그 난관은 자신의 힘으로는 도저히 해결할 수 없는 벽이라고 단정한다. 따라서 이런 사람은 정신적으로 좌절하여 무력하게 포기하고 만다.

이처럼 상황을 바라보는 시각이 긍정적인가 아니면 부정적인가 하는 것이 능동적이고 진취적인 태도와 소극적인 태도를 결정짓는 갈림길이다. 그러므로 개인의 성취도 면에서 볼 때 긍정적인 시각을 갖는 것은 비교할 수 없을 만큼 많은 이점이 있다.

긍정적인 사고방식은 개인의 행복과도 밀접한 관련이 있다. 부정적 시각을 가진 사람은 매사를 어두운 시각에서 보기 때문에 희망적인 면보다 실망스러운 면에 착안한다. 그래서 똑같은 상황에 부닥치더라도 불행한 쪽으로 상황을 해석하려고 한다.

예를 들어 다 같이 입사 시험에 실패한 두 사람의 경우를 살펴보자. 이때 부정적 시각에 숙달된 사람은 자신은 더는 어떻게 해 볼 방도가 없다고 단정해 버린다. 그렇지만 긍정적 시각을 가진 사람은 다른 기업체에 원서를 낼 계획에 착수한다.

이렇게 긍정적 시각과 부정적 시각은 보는 관점이 전혀 달라서 성취도나 개인의 행복도에 그만큼 차이를 가져온다. 이 시각의 차이는 곧 개인이 가진 낙관성이나 비관성과 직결된다.

일반적으로 말하면 낙관성이 강한 사람은 긍정적 사고방식을 갖고 있으며, 반면 비관성이 강한 사람은 부정적 사고방식에 젖어 있다고 할 수 있다. 부정적 시각을 긍정적 시각으로 바꾸기 위해서는 기본적으로 낙관주의 연습이 필요하다. 구체적 사례를 들어 보자.

• **나쁜 상황** – 입사 10년째인 A는 과장 승진을 눈앞에 두고 있다. 그런데 사내에서 능력은 인정받고 있지만, 동료에게 인심을 얻지 못한 것이 걸림돌이 되고 있다.

부정적 생각 : 나는 일을 꽤 잘하는 편이라 상사들의 신임도 받고 있는데 사내에서 날 미워하는 사람들이 많아서 탈이야. 그 친구들은 괜히 질투가 나서 그러는 거겠지만 그게 인사에 영향을 미칠 것 같아 고민이거든.

반박 : 날 싫어하는 친구들도 있지만 나에게 호의를 가진 사람도 많아. 이 사람 저 사람 모두에게 다 잘 보일 수는 없잖아. 될 대로 돼라지 뭐.

다시 부정적 생각 : 그런데 인사부 차장이 나를 좋지 않게 보고 있는데 나쁜 영향을 주지는 않을까? 그걸 생각하면 요즘은 일할 맛이 나지 않아.

다시 반박 : 차장이 인사 문제에 영향력은 있지만, 그 사람이 결정하는 건 아니잖아. 미리 그렇게 예측하고 실망하기는 일러. 마음에 내키지는 않지만, 차장에게 어떻게든 접근해 봐야지.

→ 긍정적 결론

• 나쁜 상황 - 고등학교 2학년생인 A는 학력 평가 시험에서 이전보다 낮은 등수를 얻었다. 곧 대학 입시를 준비해야 하는 상황에서 마음이 점점 불안해진다.

부정적 생각 : 성적이 10등이나 떨어지다니……. 이젠 가망이 없는 걸까? 난 왜 성적이 떨어졌는지 이유도 잘 모르겠어. 다른 아이들이 나보다 훨씬 더 열심히 하는가 봐. 내 능력에 한계가 있는 게 아닐까?

반박 : 아니야. 그렇게 비관적으로 생각할 필요가 없어. 지난번에는 수학 시험에서 크게 실수한 일이 직접적인 원인이었어. 이젠 수학 공부를 열심히 하고 있으니까 다음에는 반드시 좋아질 거야.

다시 부정적 생각 : 수학 성적이 다음번에 좋아진다고 어떻게 보장해? 수학은 갈수록 어려워지고 있는데……. 이러다가 대학 입시에 떨어지는 게 아닐까?

다시 반박 : 수학이 다소 어렵긴 하지만 지금까지 노력을 제대로 안 했을 뿐이야. 수학에 시간을 많이 들이고 있으니까 반드시 효과가 나타날 거야.

→ 긍정적 결론

부정적 사고방식의 특징은 똑같은 상황에서 부정적인 면에 지나치게 집착한다는 점이다. 이런 시각을 바꾸기 위해서는 부정적인 요소 대신에 긍정적인 요소를 발견하여 이를 충실하게 만드는 것이 중요하다. 위의 예에서 성적이 떨어진 학생은 성적이 좋아질 가능성에 집중해야 한다. 이를 위해서는 상황을 낙관적인 입장에서 해석하는 습관이 연습되어야 한다.

사고방식과 언어 습관

개인의 낙관성 혹은 비관성의 정도를 가장 손쉽게 알 수 있는 것은 그 사람이 쓰고 있는 언어 습관이다. 누구든지 상대방과 몇 분간만 대화를 나누어 보면 그 사람이 어느 정도 낙관적인지 아니면 비관적인지 분간할 수 있다.

보통 낙관적인 사람은 다음과 같은 표현을 자주 사용한다.

- 상황을 유리하게 해석하는 말

- 장래에 대한 희망과 비전을 암시하는 말

- 다른 사람을 칭찬하거나 장점을 강조하는 말

- 잘못된 원인을 자신이 아닌 다른 데서 찾는 말

- 대화 내용이 전체적으로 밝고 활기찬 말

- 웃는 얼굴로 자신 있게 하는 말

- 자신의 소신에 대하여 신념이 뚜렷한 말

- 대화에서 심각하지 않고 가벼운 표현

이에 비해 비관적인 사람의 대화는 다음과 같은 특징이 있다.

- 불평불만이 가득한 말
- 희망보다 실망과 암울한 미래를 암시하는 말
- 다른 사람에 대한 비난과 불평
- 자신의 처지를 불운하다고 표현하는 말
- 대화 분위기를 전체적으로 어둡고 무겁게 만드는 말
- 심각한 표정으로 하는 말

개인이 비관성이나 낙관성을 갖는 것은 마음속의 문제지만, 그 생각이 바깥으로 노출되는 것은 언어 표현을 통해서다. 따라서 언어 표현에 비관성이 많은 사람은 일단 비관적인 사람이라 이해해도 과언이 아니다.

이런 점에서 볼 때 비관주의를 낙관주의로 바꾸려면 무엇보다도 비관적인 언어 습관부터 고쳐야 한다. 사람을 만날 때 자신이 쓰고 있는 언어 표현에 주의해 보자. 언어 표현도 역시 하나의 습관이기 때문에 사람마다 가진 언어 습관은 쉽사리 바뀌지 않는다.

자신의 언어 습관을 낙관적으로 바꾸려면 아래와 같은 사항에 유의해야 한다.

- 어떤 상황에 대한 해석을 비관적으로 말하지 않는다.

- 미래의 일에 대하여 낙관적인 점을 강조한다.

- 과거의 일 중에 어두웠던 점을 반복하지 않는다.

- 전체적인 대화 분위기를 밝고 즐거운 방향으로 끌고 간다.

- 다른 사람의 단점보다 장점에 치중하여 이야기한다.

- 화제를 밝고 재미있는 내용으로 고른다.

- 심각한 문제는 될 수 있으면 가볍게 이야기하고 넘어간다.

- 대화 도중에 웃음소리가 자주 터지도록 유도한다.

- 상대방의 비관적인 대화 유도에 휩쓸리지 않는다.

- 같은 내용도 밝게 이야기하는 기술을 배운다.

- 유머와 기지를 잘 사용한다.

당신이 이와 같은 점에 유의하면서 대화하는 습관을 익히면 차츰 당신의 대화는 낙관적인 방향으로 바뀔 것이다.

이러한 언어 습관은 아이들에게 특히 중요하다. 아이들 역시 자신들의 생활에서 갖가지 난관을 만나기도 하고 스트레스도 받는다. 이 경우 낙관적인 아이들은 비교적 스트레스를 받지 않고, 어려운 상황을 만나도 곧 궁지에서 벗어난다. 하지만 비관적인 아이들은 쉽게 우울증에 빠지고 난관을 만나면 오랫동안 침체된다.

따라서 부모는 평소에 아이들이 어떤 언어 표현을 쓰는지 주의를 기울여야 한다. 특히 그들의 대화에서 나타나는 낙관성이나 비관성에 신경을 써 주어야 한다. 만약 아이가 비관적인 언어를 쓰고 있다면 바로 그 원인을 찾아내어 교정하는 일이 필요하다.

　무엇보다 아이들의 습관과 사고는 어른들에게서 직접 배우는 것이 대다수이니, 먼저 부모 자신들의 사고방식과 언어 습관을 점검해 보는 일은 필수다. 아이들이 밝고 명랑한 언어를 쓰도록 그들의 마음을 위로하고 격려하자.

미디어에서 선호하는 언어 표현

자신의 언어 습관을 고치는 일도 중요하지만, 이 책을 읽고 나면 다른 사람들은 어떤 언어 표현을 쓰고 있는지 관심이 쏠리게 될 것이다. 지금부터 다른 사람들이 쓰는 언어 표현이 낙관적인지 아니면 비관적인지 평가해 보자.

① 우선 당신이 직장에서 매일 만나는 상대방이 낙관성 면에서 어떤 언어 습관을 지녔는지 확인해 보자.

당신이 직장에서 매일 만나는 직장 상사나 동료가 그들의 언어 표현에서 어느 정도의 낙관성이나 비관성을 가졌는지 평가해 보자. 개인에 따라서 낙관성과 관련한 언어 습관은 천차만별일 것이다.

어떤 상사는 늘 부하 직원의 잘못된 점을 지적하기 바쁜데, 이런 상사는 자기도 모르게 비관적인 언어 표현을 쓰는 경우가 많다. 그리고 이야기가 시작되면 자신도 모르게 불평불만을 늘어놓는 사람들이 많은데, 이들 역시 비관적인 언어 표현에 숙달되어 있다.

이들이 쓰는 표현은 주로 다음과 같은 것이다.

"우리 회사는 정말 일할 맛이 나지 않아. 월급은 제대로 오르지도 않고 일은 해마다 늘어난다는 말이야."

"상사들은 자기 출세할 생각만 하고 직원 생각은 전혀 하지 않아. 이런 직장에서 어떻게 충성심이 생길 수 있겠어."

"요즘 젊은 직원들은 너무 이기적이야. 그 친구들은 자기에게 유리한 것은 한 가지라도 더 챙기려 들면서도 직장 일에는 아주 요령을 피우거든."

② 가족이 대화하는 습관도 유심히 관찰해 보자.

흔히 많은 부모는 자녀가 눈앞에 보일 때마다 습관적으로 이것저것 잔소리를 하면서, 그것이 자식을 위하는 일로 알고 있다. 그러나 이렇게 지적을 많이 하는 부모를 보면, 그들은 자기도 모르게 자녀의 부정적인 면에만 집착하여 비관적인 성향을 띠는 경우가 대부분이다. 특히 자녀를 꾸짖을 때에는 이런 경향이 더욱 심하다.

"얘, 넌 매일 늦잠이냐? 이제 고등학생이 되었으니 좀 부지런해야지. 그렇게 게을러서야 나중에 무슨 일을 제대로 할 수 있겠니?"

"얘, 너 성적이 이게 뭐야? 엄마가 그렇게 공부하라고 일렀는데도 도무지 말을 안 듣잖아? 그러니까 성적이 자꾸 떨어지는 거 아니야?"

이런 지적은 다분히 영구적이고 확산적이어서 자녀에게는 은연중에 비관성을 심어 주게 된다. 이런 꾸지람을 듣는 아이는 비관성만 증가할 뿐 공부하고 싶은 의욕이나 흥미는 점차 잃게 된다.

③ 텔레비전에 등장하는 아나운서, 보도 기자, 대담 프로의 출연자 그리고 연예인의 언어 표현에서 낙관성과 비관성을 평가해 보자.

물론 뉴스를 보도하는 아나운서는 주어진 원고를 읽는 경우가 대부분이라 개인적인 낙관성이나 비관성 정도를 확인하기는 어려울 수 있다. 그러나 조금만 주의를 기울이면 그들이 어느 정도의 낙관성을 가졌는지 쉽게 확인할 수 있다.

미디어에 나타나는 방송 전문인들의 낙관성 정도는 대중에게 커다란 영향을 미친다. 일반적으로 미국 방송에 나타나는 방송 관계자들의 언어 표현은 영국이나 독일과 같은 유럽 국가보다 훨씬 밝고 희망적이라고 한다. 이는 그 나라 국민의 낙관성 수준과도 관계가 깊다.

이런 총체적인 이미지는 굳이 언어 표현에만 국한된 것이 아니라 등장인물들의 표정, 프로그램의 내용, 그 외 각종 시각적 이미지 등이 포함된 종합적인 것이다.

뉴스도 이런 시각에서 분석해 볼 수 있다. 예를 들어 저녁 뉴스 시간에 등장하는 보도 가운데 비관성과 낙관성의 횟수와 그 정도를 비교해 볼 수 있을 것이다. 같은 뉴스라도 보도 기자의 시각에 따라 비관성이나 낙관성의 정도가 다르다.

사건은 각 미디어가 가급적 더 심각하고 비판적으로 보도하는 성향이 있기는 하지만, 그것을 영구적이거나 확산적으로 인식하는지 여부는 개인의 시각에 달려 있다.

대담 프로에 출연하는 사람들을 서로 비교해 보면 각자가 가진 낙관성이나 비관성 정도가 더욱 분명하게 드러난다. 예를 들어 '올해의 경제 전망'이라는 주제를 놓고 각 분야 전문가들이 출연하여 토론하는 경우를 가정해 보자. 여기에는 올해에 갖가지 악조건으로 경제가 훨씬 나빠질 것이라는 비관주의자가 있는가 하면, 전반적으로 상황이 좋지는 않지만, 그동안 축적된 잠재력으로 충분히 극복할 수 있는 것으로 보는 낙관주의자도 있다.

각 미디어끼리 비교해 보아도 똑같은 사건에 대하여 어떤 방송은 매우 심각한 것으로 보도하는 데 반해, 또 다른 방송은 비교적 가볍게 처리한다. 이는 모두 개인이나 해당 방송사가 가진 낙관성의 정도에 달려 있다.

많은 시청자가 연예 프로나 코미디 프로를 즐기는 까닭은 그 프로그램에 출연하는 사람들의 낙관주의에 공감하기 때문이다. 특히 코미디 프로는 인생에서 비관적으로 생각하기 쉬운 심각한 문제도 낙관적으로 해석하여 시청자에게 그만큼 즐거움을 주기 때문에 인기가 높다.

이처럼 다른 사람들이 가진 비관성이나 낙관성을 그들의 언어 표현을 통해 평가해 보는 것은 자신의 비관적 언어 습관을 바로

잡는 데 도움을 준다. 이는 다른 사람들의 언어 습관을 평가함으로써 자신의 결함을 측정하고 보완하는 기능을 한다고 할 수 있다.

조금만 주의를 기울이면 어떤 상대방과 만나서 대화를 나눌 때 상대방이 가진 비관성이나 낙관성의 정도를 나름대로 가늠할 수 있다. 이는 마치 정신과 의사가 정신 질환자의 몇 마디 말만으로 그 상태를 진단하는 일과 마찬가지다.

부모의 비관성을 양분 삼는 아이들

아이들은 어른보다 낙관주의 수준이 훨씬 높은 것으로 조사되고 있다. 일반적으로 아이들은 성장 과정에 있기 때문에 현재의 어려운 상황을 보다 덜 심각하게 받아들이지만, 미래에 대한 기대나 희망은 매우 높다. 그래서 그들은 현재나 과거보다는 미래에 관심을 더 많이 둔다.

이는 아이들의 낙관주의에 관한 일반적인 경향이기는 하지만, 개별적인 경우에는 매우 심각한 국면도 많다.

아이들의 낙관성 문제에서 부모의 역할은 무엇보다 중요하다. 어린이들의 비관주의에 관한 언어 습관은 부모, 그중에서도 엄마에게 직접 영향을 받고 있다. 그러므로 비관적인 언어 습관이나 비관적인 생각을 하는 엄마는 자녀에게 자신의 비관성을 매일 본보기로 가르쳐 주고 있다고 보아야 한다.

아이들은 전반적으로 낙관주의가 강하기는 하지만, 학교 공부나 일상적인 생활로 많은 스트레스를 받고 있다. 아이들은 그로 인해 크고 작은 마음의 상처를 받고, 때로는 회복하는 데 아주 오랜 세월을 보내기도 한다.

아이들이 마음의 상처를 보다 적게 받도록 하거나 그로 인한 피해에서 벗어나게 하기 위해서는 낙관주의를 튼튼하게 길러 주어야 한다.

비관적인 성향을 띠는 아이들은 일반적으로 자의식이 약하다. 그러면 자신을 가치 있는 존재로 인정하지 않게 된다. 어른도 마찬 가지지만, 아이들이 자기 자신에 대한 자의식이 약하면 모든 문제에서 소극적이고 자신감을 잃게 된다. 이런 아이들이 스스로 갖고 있는 생각을 살펴보자.

'난 공부도 제대로 못 하고 친구들에게 인기도 없어.'

'난 우리 형제 가운데서 가장 인정받지 못하고 있어. 엄마 아빠도 걸핏하면 나만 혼내는걸.'

'난 성격이 수줍어서 수업 시간에 발표 한 번 제대로 못 하겠어. 내가 어쩌다 한 번 발표하면 다른 아이들이 얼마나 형편없다고 흉볼까?'

이렇게 자의식이 부족한 아이들을 바로 일으켜 세워주려면 어떻게 해야 할까?

이런 아이들은 이미 상당한 정도로 비관적 의식에 숙달되어 있다. 따라서 이들을 부모가 자주 꾸중하거나 잘못한 점을 지적하다가는 상태를 더욱 악화시키기 쉽다.

부모의 기준에서 부족해 보이는 점을 반복해 지적하기보다는 낙관주의 연습을 통해서 아이의 자의식을 바로잡아 주는 일이 중요하다. 이때 아이가 가지는 비관적 생각에 대한 반박을 다음과 같이 엄마가 대신해 주면 좋다.

상황 1 : 아이의 시험 성적이 나빴을 때

아이의 부정적 생각 : 난 정말 멍청해. 다른 아이들은 90점 이상인데 왜 나만 82점이람. 내 친구보다도 못하잖아.

엄마의 반박 : 괜찮아. 넌 이번 수학 시험에서 실수했잖아. 다른 과목은 잘했어. 다음 시험은 잘할 수 있을 거야. 넌 머리가 좋아. 엄마 생각에 넌 다음 시험에서 분명히 90점 이상이 될 거야.

다시 아이의 부정적 생각 : 엄만 날 위로해 주려고 그러는 거잖아. 난 이제 자신이 없어지는 것 같아. 다음 시험을 잘 볼 수 있을지 정말 모르겠어.

다시 엄마의 반박 : 엄마가 헛소리한 게 아니란다. 넌 수학 시험에서 100점 맞은 적도 여러 번 있었잖아. 엄만 분명히 기억하고 있어. 선생님도 작년에 네가 수학에 뛰어나다고 말씀하셨어.

　→ 긍정적 결론

상황 2 : 아이가 다른 친구들에게 놀림을 받았을 때

아이의 부정적 생각 : 난 정말 바보일까? 왜 애들이 걸핏하면 날 놀리지? 선생님도 요즘 내게 관심을 보이지 않는 것 같아.

엄마의 반박 : 그건 네가 잘못 생각하는 거야. 네가 공부를 잘하니까 애들이 질투가 나서 그러는 거라고. 조금도 걱정하지 마.

다시 아이의 부정적 생각 : 그래도 아이들이 날 싫어하는 건 안 좋아. 난 애들에게 인기가 있었으면 좋겠는데. 이러다가 친한 친구들에게서 완전히 멀어져 왕따가 되는 게 아닐까?

다시 엄마의 반박 : 잘 생각해 봐. 아이마다 다 다르잖아. 어떤 애는 노래를 잘 부르고 또 어떤 애는 웃기기를 잘하지? 넌 공부를 잘하니까 제일 좋은 거야. 네가 딴 애들이 잘 모르는 것을 하나씩 가르쳐 줘 봐. 걔들이 금방 좋아할 거야.

→ 긍정적 결론

아이들은 아직 뚜렷한 주관이 없다. 그러다 보니 주위의 환경이나 변화에 아주 민감하게 반응하고, 나쁜 상황에서는 매우 연약해진다. 따라서 아이의 상태를 부모가 주의 깊게 관찰하여 큰 틀에서 이끌고 도와주어야 한다. 아이들의 마음은 항상 흔들리고 있다. 잘못하면 비관적 생각에 깊이 빠지기도 한다. 아이들에게 가장 가까이 있는 부모가 이런 사정을 제대로 파악하지 못하면 아이는 갈수록 부정적인 생각에 빠져 버리고 만다.

심리 요인은 신체 질병으로 연결된다

건강하게 노후를 살아가는 사람들을 보면 한 가지 공통점이 있다. 그것은 그들의 성품이 매우 낙천적이라는 점이다. 그들은 바깥으로 비치는 표정부터 매우 밝고 웃음도 많다. 그리고 웬만한 일에는 별로 걱정하거나 신경 쓰지 않는다.

이들이 건강하게 장수하는 사실과 낙천적 성품과는 어떤 관계가 있을까? 이미 언급된 바와 같이 개인의 심리적 상태는 신체적 건강 상태와 밀접한 관련이 있다. 그래서 현대에 이르러서는 각종 신경성 질환뿐만 아니라 거의 모든 병이 심리적 요인과 직간접적으로 관계가 있다고 알려져 있다.

의학적으로 심리적 문제가 신체적 질병과 무관하다는 이론이 무너진 지는 이미 오래되었다. 현대 의학에서는 여러 가지 방면에서 심리적 요인이 신체적 질병으로 연결된다는 증거를 제시하고 있다.

아이들도 우울증에 빠지면 아픈 곳이 많아진다. 두통이 자주 오고 배가 아프기도 한다. 어떤 아이들은 갑자기 배가 아프다며

학교에 가기 싫어하는데 막상 병원에 가 보면 별 이상이 없다. 이런 경우 그 아이는 스트레스와 우울증으로 정신적 문제가 발생했다고 보면 틀림없다.

여성들도 마찬가지다. 여성은 우울증 면에서 남성보다 평균 2배나 많은 비율을 보이는데, 여성이 갖가지 잔병을 많이 겪는 것은 그들의 이러한 정신 상태와 밀접한 관련이 있다. 우울증에 빠진 여성은 소화불량에 두통, 요통 등 각종 증상이 나타난다. 그러다가 마침 좋은 일이 생겨 마음이 기쁨으로 가득 차면 언제 그런 증상이 있었느냐는 듯 말끔히 사라지는 것은 바로 이런 현상을 말해 주고 있다.

현대인에게 스트레스는 피할 수 없는 복병이다. 복잡하고 바쁘게 돌아가는 현대사회에서 열심히 일하는 사람들은 누구나 정도의 차이는 있지만, 스트레스를 피할 수 없다. 스트레스로 생기는 질병은 몹시 심각하다.

문제는 이처럼 건강에 심각한 적신호인 우울증이나 스트레스를 '낙관주의 연습'으로 어떻게 예방하느냐 하는 데 있다. 우울증을 치료하는 의학적 방법의 하나로 제시된 것이 햇빛을 많이 받는 일이다. 겨울이 긴 북구에 사는 사람들에 비해 열대 지방에 사는 사람들의 우울증이 현저하게 적다는 사실은 잘 알 것이다. 이런 자연요법 이외에 심리적 요법으로 할 수 있는 것은 역시 마음속을 환한 빛으로 비추는 일이다.

그것은 다름 아닌 낙관주의의 밝은 빛이다. 낙관주의의 빛은 지금 자신의 주변에서 일어나는 모든 일을 보다 밝고 희망적으로 해석하는 것이다. 곧, 지금까지 습관적으로 당연하게 어두운 방향으로 여겨 온 일들을 재해석하는 것이다. 예를 들어 보자.

가정주부 A는 비가 오는 날이면 눈에 띄게 우울해진다. 이는 그녀의 오랜 습관으로, 아침에 일어나서 날이 흐리거나 비가 오면 명랑하던 기분이 갑자기 우울해지고 서글퍼지는 것이다. 그리고 신체 상태도 매우 무거워진다.

부정적 생각 : 난 왜 이렇게 비만 오면 우울해지고 몸도 축 늘어지는지 모르겠어. 다른 사람들도 다 마찬가지겠지. 이런 날은 아무것도 하고 싶지 않아져. 이런 습성은 이제 어쩔 수 없나 봐.

반박 : 아냐. 비가 오는 것하고 우울해지는 건 별개 문제야. 내가 옛날부터 괜히 이런 선입견을 품어서 그런 것뿐이야. 이걸 달리 생각해 볼 방법이 없을까? 맞아, 비 오는 날을 오히려 즐거운 날로 생각해 보면 어떨까?

다시 부정적 생각 : 아무리 그래도 어떻게 햇빛도 없고 우중충한 날을 즐거운 날로 생각할 수 있을까? 사실상 별로 즐거운 일도 없는데 말이야.

다시 반박 : 모든 현상은 해석하기 나름이야. 비 오는 날이라고 해서 좋은 일이 생기지 말란 법이 있어? 오히려 여름에 비 오는

날은 덥지 않아서 일하기 편하잖아. 또 모든 공해가 비에 씻겨 버리니 얼마나 좋아. 비 오는 날은 실내에서 운동하기에도 적격이야.

→ 긍정적 결론

이런 식으로 비 오는 날과 우울증에 관한 연관 관계를 끊고 '좋은 일'이 일어날 것으로 생각을 집중해 보자. 차츰 종전에 형성되었던 고정관념이 바뀌는 경험을 하게 될 것이다.

결국, 낙관주의는 낙관적 비전과 낙관적 시각에서 생긴다. 사물과 상황에 대한 해석을 비관적 시각에서 보는 습관을 버리고 낙관적 시각에서 보는 습성을 길들이면 낙관성 수준은 몰라보게 좋아질 것이다.

아무튼, 우울한 기분과 비관적 생각은 당신의 정신을 병들게 하고 나아가 신체적 질병까지 몰고 오는 위험한 요인이다. 당신의 마음속에 밝은 햇빛을 비추자. 낙관주의의 밝은 빛이 어두운 기운을 몰아내면 당신은 그만큼 건강해질 것이다.

3부

낙관주의의 실천

진화의 특징은 각자 서로 뜯어고치려고 하는

낙관주의와 비관주의 간에 발생하는 역동적인 긴장감에 있다.

우리가 매일 주기적으로 오르락내리락하는 동안,

그 긴장감으로 도전과 위축이 이루어진다.

1장
마음의 메커니즘

자존심을 위한 반항 심리

일할 때 항상 불만에 차서 '네가 이렇게 하라면 난 저렇게 하겠다'는 태도를 보이는 사람이 있다. 상식에 어긋나는 이런 심리를 '반항 심리'라고 한다.

'반항 심리'란 자기의 자존심을 지키기 위해 상대방의 요구와 상반된 태도를 보이거나 정반대되는 말을 하는 심리를 말한다.

심리학자들이 흥미로운 실험을 진행하기 위해 모 대학 남자 화장실에 '낙서 금지' 팻말을 걸어 놓았다. 팻말 중 하나에는 '대학경찰보안국 국장' 명의로 강력한 어조를 담아 '낙서 엄금!'이라고 썼다. 다른 하나에는 '대학경찰위원회' 명의로 비교적 부드러운 어조로 '낙서하지 마세요'라고 썼다. 그리고 두 시간마다 팻말을 바꿔 달면서 화장실 안의 낙서 숫자를 세어 보았다.

그 결과 '낙서 엄금! 대학경찰보안국 국장'이라고 쓴 팻말을 달았을 때 낙서 하는 확률이 더 높은 것으로 나타났다. 이 실험은 강력하게 금지하고 권위를 내세울수록 사람들의 반항 심리가 강해진다는 점을 보여 준다.

그렇다면 인간은 왜 반항하는 것일까?

바로 자신의 가치관을 보호하기 위해서다. 가치관은 인간이 자신의 삶을 사랑하고 삶의 의의를 추구하는 심리적 토대이다. 누구나 이 사회에서 가치 있게 살기를 바란다. 따라서 개인의 가치관이 공격받으면 자연스럽게 보호 심리가 생겨 외부의 충고와 설교를 거부하게 된다.

사회규범이 엄격할수록 한번 시험해 보고 싶고, 금지하는 행동일수록 더 하고 싶어지는 법이다. 이것이 인간의 보편적인 심리이다.

역대 통치자들은 자신이 생각하기에 간음과 절도 등의 '음란한' 내용이 담겼다고 판단하는 책을 '금서禁書'로 지정했다. 예컨대 중국 명나라 대의 장편소설『금병매』나 서양 작가인 사드, 오스카 와일드, 로렌스 등의 작품이 그러했다. 그러나 금지한다고 해서 이 책들이 자취를 감춘 것은 아니다. 금서로 지정되어 오히려 더 유명해졌다.

반항 심리를 역으로 이용하여 자신의 목적을 이루는 사람들도 있다.

감자가 아메리카에서 프랑스로 건너왔을 때 사람들은 감자가 인체에 유해하다고 여겼다. 하지만 독일에서 감자를 먹어 본 프랑스의 농학자 파르망티에는 프랑스에도 감자를 전파해야겠다고 생각했다.

1787년 파르망티에는 국왕의 허가를 받아 감자를 심고, 반무장을 한 국왕 친위대에게 그곳을 지키도록 했다. 경비대는 낮에만 밭을 지키고 밤에는 돌아갔는데, 그로 인해 호기심이 생긴 사람들은 밤에 몰래 감자를 캐다가 요리를 해서 먹었다. 감자는 그들의 예상과 다르게 꽤 맛이 있었고 곧 감자가 널리 보급되기에 이르렀다.

현명한 상인은 소비자의 이런 심리를 이용해 돈을 번다. 가게 앞에 '품절'이라고 붙여 놓고 소비자가 와서 물으면 "이미 다 팔렸습니다"라고 말한다. 그러면 소비자의 구매욕이 더 자극되는데, 그 순간 "마침 하나가 남았네요"라고 말하면 소비자는 대번에 구매한다.

광고에서도 반항 심리를 교묘하게 이용한다. '50명까지'라는 광고 문구는 어떤 상품이 50개밖에 안 남았다는 뜻인 동시에 '50명 이후로는 살 수 없다' '50명 안에 들어야 우대받는다'라는 점을 암시하는 것이다.

강한 자극의 지속에 따른 회피

인간이란 유기체는 어떤 자극을 자주 받으면 자연스럽게 도피 반응을 보인다. 이는 인간의 본능에서 나온 일종의 자아 보호적 심리 반응이다.

강한 자극이 장기간 지속될 때 심리적 회피 현상이나 반항 심리가 생기는 것을 '한계 효과'라고 한다.

유명 작가 마크 트웨인이 교회에서 목사의 설교를 듣던 중의 일화다. 처음에 그는 목사의 설교에 감동하여 설교가 끝나면 자기가 현재 가진 돈 전부를 헌금해야겠다고 마음먹었다.

그러나 10분이 지나도 목사의 설교는 끝날 줄을 몰랐다. 점점 지겨워지기 시작한 마크 트웨인은 가지고 있는 잔돈만 내야겠다고 생각했다. 그로부터 또다시 10분이 지났지만, 목사의 설교는 여전히 계속됐고, 마크 트웨인은 불만스러운 마음에 한 푼도 내지 않겠다고 결심했다. 드디어 목사의 길고 긴 설교가 끝나고 헌금 내는 시간이 되었다. 마크 트웨인은 헌금하지 않았을 뿐 아니라 오히려 헌금함에서 2달러를 슬쩍 빼냈다.

이는 목사의 설교가 너무 길어 심리적 '한계상황'에 놓인 마크 트웨인이 처음과는 상반된 심리 반응을 보인 것이다.

일상생활에서도 이런 일은 흔하다. 보통 부부 싸움을 할 때 두 사람 중 한 명이 먼저 상대에게 불만과 원망을 쏟아낸다. 대부분 한마디면 되는 것을 끊임없이 되풀이해 이야기함으로써 상대의 화를 돋우어 불필요한 싸움을 일으키는 경우가 대부분이다.

이같이 인간의 심리는 어떤 정서를 수용할 수 있는 한계가 있다.

아이가 열심히 공부하지 않거나 시험을 못 봤을 때는 스스로 미안함과 죄책감을 느낀다. 그러나 부모가 계속해서 야단치면 '흥, 나는 공부하지 않을 거야!' 하며 반항한다.

따라서 부모가 아이를 야단칠 때도 일정 한도를 넘어서는 안 된다. 또한 '잘못한 바로 그 점만' 야단쳐야 한다. 부득이하게 같은 문제에 대해 다시 야단쳐야 한다면 그때는 이야기의 관점과 방법을 바꿔 반복을 피해야 한다.

신 포도와 달콤한 레몬

『이솝우화』에 나오는 '여우와 신 포도' 이야기를 다 알고 있을 것이다. 포도를 먹고 싶은 여우가 몰래 포도밭으로 들어갔다. 그런데 포도가 너무 높은 곳에 달려 따먹을 수가 없었다. 그러자 여우는 이 포도는 시어서 맛이 없을 거라고 생각해 버렸다는 이야기다.

사람도 마찬가지로 어떤 목표를 달성하지 못하면 자기를 합리화하기 위해 그 목표를 '별 가치가 없는 것'으로 치부하며 자신을 합리화하고 위안한다. 이런 현상을 '신 포도 콤플렉스'라고 한다.

반대로 어떤 사람이 포도는 얻지 못했지만 자기 손에 레몬을 갖고 있다면 그 레몬이 달다고 말한다. 탐탁지 않지만 일단 자기 손에 있으니 좋다고 생각하며, 심리적 실망이나 불만을 감소시키고자 하는 것이다. 이는 '단 레몬 콤플렉스'라고 한다.

이 두 가지 심리적 방어는 사실 같은 원리다. 자기가 진정으로 원하는 것을 얻지 못해 좌절할 때 심리적 불안을 덜기 위해 적당한 '구실'을 만들어 자신을 위로하는 것이다.

'신 포도 콤플렉스'와 '단 레몬 콤플렉스'는 일상생활에서 자주 찾아볼 수 있다.

어떤 대학생이 모 기업에 입사 지원서를 냈다. 그는 1차 시험에서 낙방하자 주위 사람들에게 이렇게 말했다.

"원래 그 회사에 관심 없었어. 그냥 다른 애들이 한 번 지원해 보라고 떠밀어서 해 본 것뿐이야."

또 폐쇄적인 성격의 A는 인간관계가 매우 좁아 때때로 외로움을 느끼지만, 항상 자신을 합리화해 버린다.

"이 사람은 성격이 괴팍해서 피곤하고, 저 사람은 인간관계가 나빠서 내 앞길에 도움이 안 돼."

쇼핑을 좋아하는 B가 신이 나게 옷을 사서 집에 돌아왔다. 그런데 다시 보니 가격도 비싸고 색상도 마음에 들지 않았다. 그러나 다른 사람에게 말할 때는 이 옷이 올해 유행하는 스타일이라 좀 비싸지만 그럴 만하다고 강조한다.

이뿐만이 아니다. 실수로 제일 아끼는 그릇을 깨뜨리거나 도둑을 맞으면 "액땜했다"라고 말하고, 자기 아이가 공부를 잘하지 못하고 재능도 없으면 "평범한 사람은 또 평범한 행복이 있다"라고 말한다.

중국의 유명한 작가 루쉰의 소설 속 인물 아큐에 대해 들어본 적이 있을 것이다. 정신 승리법으로 유명한 아큐의 이런 정신을 '아큐 정신'이라고 부른다.

예를 들어 그는 무일푼의 가난뱅이인데 사람들에게 "예전에는 내가 당신보다 훨씬 잘 살았는데 이까짓 게 뭐 대수야?" 하고 소리친다.

이런 자기 기만적 심리가 모두 신 포도 콤플렉스와 단 레몬 콤플렉스이다. 이런 심리는 한때 사람들의 비웃음을 사고 부정당했지만, 심리학적 측면에서 보면 적당한 정신 승리법이라 할 만하다. 자기 위안은 심리적 균형과 정신 건강을 유지하는 데 긍정적인 역할을 하기 때문이다.

신 포도 콤플렉스와 단 레몬 콤플렉스는 절망과 좌절에 대항하려는 심리적 현상으로 우울함에서 벗어날 수 있게 도와준다. 도달하고 싶지만 이룰 수 없는 목표를 완화함으로써 편안한 마음 상태를 유지하게 해 주는 것이다.

원하는 것을 얻지 못할 때

도저히 넘을 수 없는 장벽에 부딪혔을 때 처음 목표를 포기하고 비슷한 목표를 이룸으로써 만족을 얻는 경우가 있다. 이를 '보상 심리'라고 한다.

테니스를 하려는데 비가 온다면 실내에서 탁구를 칠 수 있다. A 기업에 입사하고 싶었는데 불합격했다면 조건이 비슷한 B 기업에 들어갈 수도 있다. 여기서 B는 A를 대신하는 가치다. 그렇지만 B가 A보다 너무 쉽게 얻어지는 것이거나 가치가 훨씬 떨어진다면 A를 대신할 수 없다. B와 A가 비슷하고, B를 얻기 위해서 A와 비슷하거나 더 큰 노력을 해야 할 때 비로소 B가 A를 대신할 수 있는 것이다.

한 연구소에서 일하는 A 대리는 연구소에서 인정받는 정직하고 성실한 직원이다. 그러나 그는 몇 년이 지나도록 그토록 원하는 엔지니어의 직함을 얻지 못했다. 이해할 수 없는 일이었지만 그렇다고 달리 뾰족한 방법이 있는 것도 아니었다.

그래서 그는 갈수록 우울해졌고 때로는 작은 일로 다른 사람에게 화를 냈다.

연구소 동료 B 대리의 상황도 비슷해 엔지니어 승급 심사에서 몇 차례나 떨어졌다. B 대리도 처음에는 낙담했지만, 곧 자기가 해결할 수 있는 문제가 아님을 깨달았다. 또한, 자기 때문에 가족과 동료가 자기의 눈치를 보면서 긴장한다는 사실도 알게 되어 마음을 고쳐먹기로 했다. 그는 힘을 내서 더 열심히 일했다. 몇 년 동안 영어를 배우고 비즈니스 관리에 관한 공부도 하여, 이후에 그는 민간 과학기술센터를 설립해 크게 성공했다.

A 대리와 B 대리는 같은 일을 겪었지만 대처하는 자세는 달랐다. 한 사람은 우울하고 소극적이었으며, 다른 한 사람은 밝고 적극적이었다. 왜냐하면, A 대리는 오로지 '승진 하나에만 목매달았을 뿐' 다른 길은 모색하지 않았기 때문이다. 이렇게 유일한 희망이 사라지면 누구라도 맥이 빠져 활기를 잃게 마련이다.

하지만 B 대리는 달랐다. 그는 적극적으로 활로를 모색했다. 승진에서 떨어진 일을 전화위복으로 삼은 것이다. 이것이 바로 '보상심리'다. 보상심리를 통하면 실의와 슬픔에서 빠져나올 수 있고, 새로운 목표를 설정하고 노력할 수도 있다. 그래서 때로는 더 가치 있는 바를 얻기도 한다.

보상심리는 또 다른 긍정적인 효과가 있다. 자신의 욕구를 만족시키기 위해 시작한 일이 결국 사회적으로 높은 평가를 받을 수도 있다는 점이다. 예컨대 공격 심리를 발산하기 위해 권투를 시작했다가 유명한 권투 선수가 된 예도 있고, 다른 사람에 대한 질투심을 노력의 발판으로 삼아 사업에 성공한 예도 있다.

인간의 정서 주기

일 년에 사계절이 있는 것처럼 인간의 정서에도 주기가 있다. '정서 주기'란 한 사람의 기분이 좋을 때와 나쁠 때가 교차하는 데 걸리는 시간을 뜻한다. 이는 인체 내부의 주기적인 긴장과 이완 규칙이 반영된 것으로서 '정서 바이오리듬'이라고도 한다.

사람은 정서 주기의 고조기에 있을 때 강한 생명력을 보이며 친절하고 상냥하다. 또한, 감정이 풍부해지고 일도 열심히 하며 다른 사람의 충고도 잘 받아들인다. 반대로 정서 주기의 저조기에는 쉽게 초조해 하고 신경질적이 되며 반항 심리가 생긴다. 게다가 기분이 변화무쌍하여 외롭고 고독함을 잘 느낀다.

그렇다면 자신의 '정서 주기'를 어떻게 알 수 있을까? 과학자들은 연구를 통해 정서 주기는 태어날 때부터 시작해 일반적으로 28일을 주기로 반복된다는 점을 발견했다.

정서 주기의 전반부는 '고조기'이고 후반부는 '저조기'이다. 고조기와 저조기 사이의 과도기를 '임계기'라고 한다. 임계기는 일반적으로 2~3일로서, 이 시기에는 정서가 불안하고 인체 각 기능 간의 조화가 떨어져 사고가 발생하기 쉽다.

A 부인은 정신과를 찾아와 의사에게 하소연했다. 이유인즉슨 자기 남편은 다 좋은데 매달 말이면 항상 자기와 아들에게 갑자기 화를 낸다는 것이었다. 이에 의사는 남자들의 정서 주기가 저조기에 있을 때 나타나는 현상이라고 알려 주었다.

회사에 다니는 B는 자신의 기분이 마치 병처럼 일정 주기로 달라지는 것을 발견했다. 일정 주기로 이상하게 온종일 답답하고 우울하며 사람이 싫어지면서 아무것도 하기 싫어졌다. 이런 상태는 업무는 물론 동료와의 관계에도 영향을 미쳤다. 그는 매우 당황스러웠지만 어떻게 할 수가 없었다. 나중에 심리 전문가의 말을 듣고서야 정서 주기 때문이라는 사실을 알게 되었다.

심리학자들은 간헐적이고 경미한 정서 불균형이나 심리적 이상은 모든 사람에게 나타나는 증상이며, 사람마다 이를 발산하는 방법이 다르다고 지적한다. 그렇다고 해서 함부로 발산하면 다른 사람은 물론 자신에게도 상처를 줄 수 있다는 점을 명심하도록 하자.

감정을 표출했을 때의 심신 건강

사회라는 큰 무대에서 사회적 역할을 수행하다 보면 항상 이런 저런 충돌이 빚어지게 마련이다. 이런 충돌을 완화하는 좋은 방법은 '호손 효과' 혹은 '배설 효과'를 이용하는 것이다.

이 명칭은 '호손 공장'이라는 이름에서 따온 것이다. 호손 공장에서는 업무 효율을 높이기 위해 심리학자를 포함한 몇몇 전문가를 초빙하여 약 2년 동안 직원 2만 명에게 상담 서비스를 제공했다. 전문가들은 상사에 대한 의견과 불만을 참을성 있게 들어주면서 직원들이 불만을 마음껏 발산하도록 했다. 그 결과 호손 공장의 업무 효율은 크게 높아졌다.

이런 현상을 '호손 효과'라고 한다. 우리는 살면서 셀 수 없이 많은 희망을 맞이하고 기분의 변화를 경험한다. 그러나 이것 중 실현되거나 만족스러운 일은 별로 없다. 어떤 사람은 실현되지 않은 바람이나 충족되지 않은 정서는 꼭꼭 누르고 참아야 한다고 여기는데, 이런 것을 표출하지 않고 계속 마음에 쌓아 두면 건강만 해칠 뿐이다. 억제할 때는 의식하지 못해도 마음 깊숙한 곳에 불만이 늘 자리 잡고 있기 때문이다.

이는 마치 저수지의 물과 같아서 배출하지 않으면 수위가 점점 높아진다. 불만의 수위가 높아질수록 심리적으로 외부와 단절되어 고독감이 깊어진다. 또한, 순간 불만이 한꺼번에 폭발하면 이상 행위는 물론 심지어 정신이상이 발생할 수도 있다.

심리학자들은 정서를 조절하는 가장 좋은 방법은 표출이지 참는 게 아니라고 충고한다. 예를 들어 슬프면 슬픈 영화라도 보면서 펑펑 울어야 한다. '남자는 함부로 울어서는 안 된다'라는 말은 잊어버려도 좋다. 호손 효과에서 알 수 있듯이 나쁜 기분은 제때 표출하는 것이 심신 건강에도 좋고 조직 내의 업무 효율을 높이는 데도 도움이 된다.

파나소닉의 창시자 마쓰시타 고노스케는 기업 내에 '정신건강실' 또는 '화풀이실'이라고 불리는 방을 만들게 했다. 기분이 나쁘거나 불만이 있으면 이 방에 와서 몽둥이를 잡고 고무로 된 사장 인형을 마구 때리면서 화를 풀게 한 것이다. 이렇게 화를 풀고 나면 직원들이 심리적 균형을 되찾아 상사에 대한 불만으로 대인관계, 더 나아가 업무에까지 영향을 주는 것을 방지하게 된다. 일상생활에서도 기분이 나쁘면 그때그때 표출하는 것이 가장 좋다. 그렇다고 해서 뒷일을 고려하지 않거나 때와 장소를 구분하지 않아도 된다는 뜻은 아니다. 자신의 기분을 풀기 위해 다른 사람에게 상처를 주는 일은 부도덕한 행위다. 친구와 대화를 하거나 일기를 쓰거나 노래를 하거나 운동을 하는 등 다른 사람에게 피해를 주지 않고도 감정을 표출하는 방법은 얼마든지 있다.

심한 자극 뒤에 오는 편안함

자동차 경주, 오토바이 경주, 스키, 암벽등반, 무술, 스카이다이빙, 서핑, 행글라이더, 번지점프 등 위험하고 자극적인 스포츠를 유난히 좋아하는 사람들이 있다. 그들은 왜 이런 위험한 스포츠에 빠져드는 것일까?

바로 흥분, 공포, 짜릿함, 긴장 등 독특한 심리 경험을 할 수 있기 때문이다. 이를 '아드레날린 증후군'이라 한다.

위험이 가득한 스포츠가 주는 자극과 전율을 통해 답답한 일상과 고민에서 벗어나는 것이다. 또한, 심리적 긴장감과 걱정은 물론 우울함도 해소되고 자신을 한층 업그레이드할 수 있는 활력도 생긴다. 그러나 이것이 모든 사람에게 적용되는 것은 아니다.

올해 서른두 살인 A는 대기업에서 회계를 담당한다. 그는 매일 상사의 잔소리와 다양한 문제 및 각종 기획안에 파묻혀 지낸다. 게다가 각종 중요한 회의에 참석해 의견을 내야 한다.

"매주 60시간 이상 근무하는 것 같아요. 매일매일 새벽별을 보고 출근해서 한밤중에 퇴근합니다. 책임이 막중해 그만큼 스트레스도 많이 받지요. 하지만 많은 사람이 원하는 자리여서 잠시라도 게을리하면 바로 해고당할 겁니다."

이후 그는 친구에게서 효과적인 스트레스 해소법을 소개받았다.

"주말에 스키를 탈 때가 가장 신이 나요. 모든 것에서 해방되는 것 같아요. 산 정상에서 은색으로 빛나는 설원을 바라보고 있노라면 마치 딴 세상에 와 있는 것 같다니까요. 귓가를 스치는 바람 소리를 들으며 달리면 모든 것이 순식간에 눈앞을 스쳐 갑니다. 그러면 앞으로 계속 나아가야겠다는 용기가 생기는데, 바로 그때 일과 스트레스 따위는 다 날아갑니다. 스키를 타고 오면 제 몸의 세포가 모두 새롭게 바뀐 것 같은 느낌이 들어요. 가볍고 자유롭고, 정신도 맑아지죠. 월요일에 출근하면 활력이 충만해졌음을 느낄 정도랍니다."

이것이 바로 스키가 가져다준 '아드레날린 증후군'의 결과다. A는 극도의 자극을 받은 뒤에 극도의 해방감을 맛보는 것이다.

일반적으로 업무 스트레스가 큰 사람일수록 이런 극적인 해소 방식을 좋아한다.

회사원인 B도 독특한 방법으로 스트레스를 해소한다. B는 인간 볼링 게임을 즐긴다. 공 모양의 옷을 입고 바닥을 데굴데굴 굴러서 인간 볼링 핀을 쓰러뜨리는 놀이다.

처음 했을 때는 온 천지가 빙글빙글 도는 것처럼 어지럽고 속이

메스꺼웠지만, 나중엔 눈앞이 환해지면서 마치 새 생명을 얻은 것 같은 기분이 들었다고 B는 말한다.

"복잡하고 자잘한 고민이 다 날아갔어요."

바로 이러한 이유로 번지점프 등 극한의 레저 스포츠가 점점 주목받는 것이다.

'긴장과 휴식을 적절하게 병행해야 한다'라는 말이 있듯이 지나친 긴장은 심신 건강을 해치고 업무에도 지장을 준다. 그러므로 막중한 스트레스로 몸과 마음이 지칠 때는, 이 스트레스를 해소하고 활력과 열정을 회복하기 위해 감당할 수 있는 범위 내에서 자극적인 스포츠에 도전해 보자. 아드레날린 증후군을 경험하면 최상의 컨디션을 회복할 수 있을 것이다.

복수는 복수를 낳는다

그리스신화에 나오는 헤라클레스가 하루는 길을 걷다가 흉물스럽게 생긴 주머니를 발견했다. 헤라클레스는 그것을 밟아 버렸는데 주머니가 터지기는커녕 두 배로 부풀었다. 이에 자극을 받은 헤라클레스는 들고 있던 나무 몽둥이로 그 이상한 주머니를 내리치기 시작했다. 그런데 주머니는 때릴수록 부풀어 올라 길을 막을 정도까지 커지는 것이 아닌가?

씩씩대는 헤라클레스 앞에 한 노인이 나타나 말했다.

"화내지 말고 그냥 가게나. 이것은 증오의 주머니로 그냥 내버려 두면 처음처럼 작아질 것일세. 하지만 자네가 계속 건드리면 점점 커져 자네와 끝까지 맞설 것이네."

원한은 이 증오의 주머니처럼 처음에는 매우 작다. 그것을 모른 척하거나 잘 해소하면 주머니는 곧 사라질 것이다. 하지만 원한을 원한으로 갚겠다고 생각하면 계속 커져 결국에는 자신만 손해를 보게 된다. 이를 '헤라클레스 효과'라고 한다.

오해나 질투로 감정이 상하는 경우가 종종 있다. 이 감정을 참지 못하고 갚아 주면 상대 역시 온갖 방법을 동원해 당신에게 다시 복수할 것이다. 만약 당신이 여기서 멈추지 않고 또 그대로 갚아 주면 상대는 더 독한 방법으로 복수해 올 것이다. 결국, 복수는 양쪽 모두 만신창이가 될 때까지 계속된다.

한동네에 사는 A와 B는 사이 좋은 이웃이었다. 어느 날 두 집 아이들이 싸움했는데, 부모들이 원만하게 처리하지 못해 서로에 대한 '미움'이 싹텄다. 하루는 A가 B가 키우는 개한테 화풀이했다. 그러자 이번에는 B가 사료에 약을 타 A의 닭들을 죽여 버렸다. 이렇게 서로 보복을 되풀이하다 결국 한 집이 다른 집에 불을 지르는 지경까지 이르렀다.

이 얼마나 어리석은 행동인가? 이성이 있는 사람이라면 이런 행동은 어리석음의 극치라고 생각할 테지만, 막상 당사자가 되면 그 생각은 달라진다.

자신의 마음속에 있는 '증오의 주머니'가 처음 자극받았을 때 참지 못하면 점점 커져 결국 자신에게 돌이킬 수 없는 손해로 돌아온다. 따라서 원한과 증오의 감정이 생긴다고 바로 보복할 것이 아니라 큰일은 작게 만들고, 작은 일은 아예 없던 일로 여기면서 참아야 한다.

이와 관련해 중국 명나라의 대신 양저의 행동은 귀감이 되기 충분하다.

닭을 잃어버린 양저의 이웃이 닭을 훔친 도둑은 바로 양저라고 소문 내고 다녔다. 그러나 양저는 오히려 "양 씨가 나 한 사람이 아닌데 그냥 내버려 두세요." 하고 말하였다.

또 다른 이웃은 비가 올 때마다 자기 집 마당에 고인 물을 양저의 집으로 흐르게 했다. 때문에 양저는 악취와 습기로 고생해야 했다. 이 사실을 알게 된 양저는 "비 오는 날보다 맑은 날이 많으니 괜찮다"라고 말했다.

이웃들은 이런 양저의 인내심과 포용력에 감복했다. 그래서 도적 떼가 양저의 집을 노린다는 소문이 돌자 이웃들이 자발적으로 조직을 만들어 밤새 그의 집을 지켰고, 덕분에 양저는 도적의 습격을 면할 수 있었다.

미움을 미움으로 갚으면 양쪽 모두 상처와 후회만 남을 뿐이다. 그러니 상대방의 적대적인 마음이 우호적으로 바뀌도록 돕자. 아니면 적대적인 사람에게는 아예 신경조차 쓰지 말자.

생존 위협과 자살의 법칙

심리학자들이 자살에 대해 연구한 결과 생존의 위협이 클수록, 또 다른 사람과 비교하지 않을수록 자살 가능성이 낮았다. 자살은 절대적인 조건이 아닌 상대적인 조건에 따라 결정되는 것이다. 이를 '자살의 법칙'이라고 한다.

뇌물 수수 혐의로 경찰에 붙잡힌 사람이 있다. 그는 두려움과 수치심에 자살을 결심했지만, 감옥에 들어가 사형수들을 보니 마음이 바뀌었다. 자살은커녕 사형만 면했으면 좋겠다는 생각이 든 것이다. 이는 인간이 생존의 위협을 받았을 때 쉽게 자살을 떠올리지 않는다는 점을 보여 준다. 사회학자들의 조사로는 1, 2차 세계대전 기간 재산과 가족을 잃은 사람들과 중국에서 3년간 이어진 자연재해 시기에 굶주려 본 사람들 가운데 자살을 선택한 사람은 극소수였다고 한다. 또한, 1918년부터 1919년까지 유럽에 급성 전염병이 퍼져 3,000만 명이 숨지는 비극이 발생했지만, 자살 사건이 발생했다는 보고는 한 건도 없었다.

그러나 평화로운 시대에 일본, 미국과 같은 선진국의 자살률은 해마다 높아지고 있다. 우리나라의 자살률은 더 말할 것도 없다. 비슷한 근래의 예로 중국의 '문화대혁명'을 들 수 있다. 문화대혁명 초기에는 거리에서 군중 비판을 받으며 온갖 모욕과 고초를 당한 고위 간부의 자살률이 비교적 높았지만, 중기와 말기에는 자살률이 크게 떨어졌다.

한편 생활의 질과 정치적 분위기가 문화대혁명 시기와는 비교도 안 될 만큼 좋아진 오늘날의 자살률은 오히려 그때보다 많이 증가했다.

안정되고 생존 위협이 적은 환경에서 살면 사람들은 다른 사람과 자신을 비교하기 시작한다. 그러면 심리적 불균형이 생겨 자살률이 높아지는 것이다. 또한, 다른 사람과 격차가 클수록 - 다른 사람은 돈도 친구도 많아 늘 풍족한데 나는 아무것도 없고 외롭다고 느낄 때 - 자살을 선택할 가능성이 높다.

기분과 건강의 상관관계

인체의 생리적 활동은 물질적 활동이고, 심리적 활동은 비물질적 활동이다. 이 두 활동은 불가분의 관계로 상호 영향을 주고받으면서 우리 몸의 조화를 유지한다.

나쁜 기분이 오랫동안 지속되면 신체 건강은 물론 정신 건강까지 해친다. 마음의 병이란 사회적·심리적 원인으로 생기는 것으로써 신경증, 근심, 공포, 강박, 의심증 등으로 나타난다. 그리고 심신의 병은 심리적 불안정이 몸에 나타난 것으로써 일차성 고혈압, 동맥경화증, 심장병, 위궤양, 천식 등이 있다.

그러나 기분 좋은 상태를 오랫동안 유지하면 건강에도 긍정적인 영향을 미쳐 신체 건강은 물론 혹시 병이 나도 빠르게 회복할 수 있다.

기분이 건강에 막대한 영향을 끼친다는 사실은 여러 연구를 통해 이미 널리 알려져 있다. 긴장과 걱정은 건강 최대의 적이다.

중세 이란의 의사인 이븐 시나는 양을 이용한 동물 실험을 했다.

숫양 두 마리를 각각 다른 우리에 넣고 똑같은 먹이를 주었다. 그중 한 마리 곁에 늑대 우리를 놓아 양이 항상 늑대를 볼 수 있도록 하자, 늘 불안에 떨던 양은 얼마 못 가 죽고 말았다. 반면에 아무 위협도 당하지 않은 양은 건강하게 잘 살았다.

이 실험은 부정적 정서가 건강에 얼마나 큰 영향을 미치는지를 여실히 보여 준다. 이는 인간도 마찬가지다.

405명의 중환자를 연구한 결과 72퍼센트에 해당하는 292명이 젊었을 때 심각한 심리적 위기를 겪은 것으로 나타났다. 정상인들에게는 10퍼센트만이 이런 위기가 있었다.

그렇다면 심리적 불안정을 유발하는 요인은 무엇일까?

인간관계의 충돌, 정신적·육체적 고통, 홍수 및 지진과 같은 자연재해의 위협, 이혼, 수감, 모욕, 배우자 혹은 가족의 갑작스러운 죽음, 사업 실패 등이다. 이런 상황에 놓였을 때 기분을 적절하게 조절하지 못하면 건강까지 해칠 수 있다.

반대로 심리적 안정은 건강에 긍정적인 역할을 한다. 불안정한 정서는 병을 '유발'하고, 정서적 안정은 병을 '치료'하는 것이다. 의학 연구 결과에 따르면 환자 가운데 51퍼센트는 자가 조절 기능만으로도 병을 고칠 수 있는 것으로 나타났다.

19세기 영국의 과학자인 마이클 패러데이는 젊었을 때 늘 두통으로 잠을 이루지 못했다. 그런데 한 의사에게서 "어릿광대가 마을에 오면 의사가 필요 없네"라는 말을 듣고 크게 깨우친 패러데이는, 이후 서커스 공연을 자주 관람했다. 서커스를 보면서 그는 내내 포복절도하도록 웃었고 얼마 지나지 않아 패러데이의 건강은 놀라울 정도로 좋아졌다. 이것이 뒷받침되어 그는 위대한 과학적 업적을 낼 수 있었다.

늘 낙관적이고 즐거운 마음 상태를 유지하도록 노력하자. 어려움이나 스트레스도 넉넉하고 긍정적인 마음으로 대하면 쉽게 이겨 낼 수 있고 건강하게 장수할 수 있다.

심리적 요인에서 비롯되는 피로

과학자들은 인간의 뇌가 피로 회복에 필요한 시간에 대해 실험을 했다. 그 결과, 두뇌만 놓고 봤을 때 8~12시간 후에 다시 일에 복귀하면 시작할 때와 같은 속도와 효율을 나타내는 것으로 나타났다. 어쩌면 두뇌는 피로를 거의 느끼지 않는다고 할 수 있다.

그렇다면 왜 정신노동을 하면 피로할까? 심리학자들은 우리가 느끼는 피로감은 고민, 원망, 소외감, 회의, 조급, 초조, 걱정 등 부정적인 기분이 작용한 탓이 크다고 말한다. 스포츠 중계방송에서 이긴 팀은 여전히 활기가 넘치는 데 반해 진 팀은 맥없이 축 늘어져 있는 장면을 볼 수 있다. 양 팀 모두 똑같이 체력을 소모했는데도 상황과 기분에 따라 느끼는 피로의 정도가 다른 것이다.

실제로 이긴 팀은 승리와 관중의 환호에 고무되어 피로를 느끼지 않고 심지어 체력이 회복된 기분까지 든다. 그러나 진 팀은 실망감은 물론이고 관중과 감독, 그리고 가족과 친척들에게서 받을 무언의 질책 등으로 피로감에 휩싸이고 만다.

누구든 하는 일에 흥미가 없거나 싫증이 나면 쉽게 피로를 느끼지만, 좋아하는 일을 하면 기운이 넘쳤던 경험이 있을 것이다.

성공한 사람들이 성공할 수 있었던 이유 중의 하나는 자기가 하는 일을 사랑했기 때문이다.

비즈니스 컨설턴트인 브라이언 트레이시는 다음과 같이 말했다.

"브리태니커 회사에서 일하면서 영업 업무가 제 적성에 맞다는 걸 알았습니다. 세일즈는 일이라기보다는 일종의 취미였습니다. 그래서 야근을 해도 시간이 아깝지 않았고, 어렵게 공부해도 피곤하지 않았습니다. 머리를 조금 더 쓰면 아이디어가 하나씩 튀어나왔고 그게 또 즐거웠습니다."

"지식이 늘어나고 잠재 능력이 계발되는 것을 느낄 때 저는 기뻤습니다. 다른 사람의 발전을 도울 때도 같은 기쁨을 느꼈습니다. 어쩌면 사람들은 이것을 쓸데없는 일이라고 생각할 수 있지만, 제가 새로운 분야를 공부하는 것도 다 고객에게 더 나은 서비스를 제공하고 싶어서입니다. 이런 생각이 들 때마다 저는 당장 나가서 고객을 만나고 싶어집니다."

자기 일에 큰 열정을 지닌 사람이 일을 대충대충 할 리 없고, 이렇게 꾸준히 열심히 하다 보면 성공은 따라오게 마련이다. 그러니

가능한 한 자기가 흥미를 느끼고 좋아하는 일을 선택하자. 그래야만 열정이 생기고 피로가 줄어들 뿐 아니라, 더불어 성공할 가능성도 더 높다.

정서에 미치는 휴식과 식생활

일반적으로 사람들은 외부 요인, 즉 주변에서 발생하는 사건으로 자신의 기분이 변한다고 생각한다.

그러나 심리학자들은 정서 변화가 반드시 외적 요인으로 일어나는 것은 아니며, 자신의 몸 내부의 '생물학적 리듬'도 기분에 영향을 미친다고 말한다. 구체적으로 말하면 음식, 건강 상태, 활력에 따라 기분이 달라진다.

스트레스가 많고 생활 리듬이 빠른 사회에서 살고 있는 현대인은 과중한 업무와 스트레스로 늘 수면 부족에 시달린다. 연구 결과 수면 부족은 우리의 정서에 큰 영향을 미치는 것으로 나타났다. 잠이 부족한 사람은 사소한 일에도 쉽게 짜증을 낸다.

그렇다면 성인에게 적당한 수면 시간은 몇 시간일까? 이를 알아보기 위해 과학자들이 실험을 하나 했다. 피험자 14명을 한 달 동안 매일 밤 14시간 동안 어둠 속에 있게 했다. 피험자들은 첫날에는 약 11시간 동안 잤다. 아마도 이전에 부족했던 수면을 보충하는 듯했다. 그 후 피험자들의 수면 시간은 평균 8시간이었다.

이 실험을 진행하는 동시에 하루에 두 번씩 피험자들의 심리 상태를 조사했는데, 피험자들은 잠을 충분히 잤을 때 기분이 더 좋다고 말했다. 좋은 기분을 유지하기 위한 첫 번째 조건은 바로 충분한 수면이다.

이 밖에 대뇌 활동에 필요한 에너지는 모두 우리가 섭취한 음식에서 나온다. 따라서 음식도 정서에 영향을 미친다.

많은 의사는 커피 한잔으로 아침을 때우는 사람들이, 기분이 안 좋다고 느끼는 것은 당연하다고 말한다. 그러면서 유쾌한 기분을 유지하려면 건강한 식습관을 유지해야 한다고 강조한다. 예컨대 아침을 포함한 식사를 정해진 시간에 하고, 지나친 흥분을 피하고자 커피와 설탕 섭취를 줄이고, 탈수로 느껴지는 피로를 피하고자 매일 적어도 물 여섯 컵을 마시도록 한다.

최신 연구에 따르면 탄수화물은 사람의 기분을 안정시키고 편안한 느낌이 들게 한다고 한다. 또한, 탄수화물은 뇌의 신경 전달물질 분비를 증가시키는데, 이들 물질은 인체에서 자연적으로 생성되는 진정제로 알려져 있다. 탄수화물을 함유한 식품으로는 쌀, 잡곡과 같은 곡물과 각종 과일 등이 해당된다. 이 밖에 비타민과 아미노산도 인간의 정신 건강에 도움이 된다고 한다.

과학자들은 성격이 거칠고 괴팍하며 비관적인 사람들이 영양 개선을 한 이후 성격이 좋아진 사례를 자주 보았다고 말한다. 영양 개선으로 대뇌에서 정상적인 기분을 유지하는 데 필요한 노르아드레날린을 많이 증가시켜 정서가 안정된 것이다. 이 물질은 우울증을 예방하는 데 큰 도움이 된다.

이처럼 몸과 마음은 서로 뗄 수 없으며 미묘한 영향을 미친다. 심신의 건강을 유지하기 위해서는 건강한 식습관을 유지하고 충분한 휴식을 취하는 것이 기본이다.

신체 상태와 기분의 상관관계

기쁠 때 사람들은 만면에 미소를 띠며 흥겨워하지만, 기분이 나쁘면 의기소침하거나 두 눈에 생기가 없다. 이는 인간의 심리 상태가 신체 상태에까지 영향을 미친다는 뜻이다. 그렇다면 반대로 신체 건강은 심리 상태에 영향을 미치지 않는 것일까? 심리학자들은 영향을 준다고 말한다.

예를 들어 디스코 클럽에 가서 20분 정도 춤을 추면 흥겨울 것이다. 이때 즐겁냐고 물으면 "당연하죠"라고 대답할 것이다. 이는 흥겨운 동작만 취해도 기분이 좋아진다는 것을 보여 준다. 몸과 마음이 서로 영향을 주고받는다는 뜻이기도 하다.

따라서 기분을 전환하는 가장 효과적인 방법은 몸 상태를 바꾸는 것이다. 일본인은 사업 수완이 탁월하기로 세계적으로 유명하지만, 동양인 특유의 내성적인 성격이 강하다. 일본인은 사업할 때 웬만해서는 자신의 감정을 드러내지 않는데, 그중에서도 웃음에 인색했다. 따라서 상대방은 중압감을 느끼고 융통성이 없다는 인상을 받는다. 한편 일본인의 주요 무역 파트너인 서양 사람들은 대부분 외향적이다. 이런 문화적 차이는 비즈니스에까지 영향을 미쳤다.

따라서 일본인들은 자신의 기분을 더 잘 표현하기 위해 여러 가지 방법을 생각했다. 어떤 기업의 사장은 직원들에게 업무 시간 30분 전에 웃음 훈련을 시켰다. 그 사장은 모든 직원에게 젓가락을 입에 물라고 했다. 이렇게 몇 분 동안 있다가 젓가락을 빼면 웃는 표정이 되는데, 이 상태에서 살짝 소리를 내면 진짜 웃는 것처럼 보인다.

이 방법은 동작이 심리 상태에 영향을 미친다는 사실에서 착안하여 일부러라도 웃는 표정을 만들어 친근한 분위기를 만들고자 한 것이다.

일상생활에서도 이 원리를 이용하여 기분을 전환할 수 있다. 연구 결과에 따르면 화가 났을 때 거울을 보면서 웃으려고 노력하면 몇 분 뒤 정말로 기분이 좋아진다고 한다. 못 믿겠다면 한번 시험해 보라.

고개가 자꾸 숙여지고, 어깨가 축 늘어지고, 다리가 천근만근처럼 느껴질 때가 있다. 이럴 때는 당연히 기분도 안 좋다. 그러나 숨을 크게 들이마시며 고개를 꼿꼿이 세우고 가슴을 쭉 펴 얼굴에 환한 미소를 짓고 활기찬 태도를 보이면 어느새 기분이 점점 좋아지는 것을 느낄 수 있다. 그리고 껑충껑충 뛰면서 걸어 보라. 이렇게 하면 온몸에 활력이 느껴져 심각한 표정은 금세 사라지고 마음도 한결 가벼워질 것이다.

또한 자신감을 느끼고 싶다면 자신 있는 것처럼 행동하라. 씩씩하고 당당하게, 두 눈에 힘을 주고 허리를 쭉 펴 빠르게 걷다 보면 자기도 모르게 조금씩 자신감이 차오르는 것을 느끼게 된다. 즐거운 표정과 동작으로 기분을 유쾌하고 자신감 있으며 희망적으로 바꿀 수 있다.

날씨와 기분

정신 치료 전문가들은 사람의 기분은 어느 정도 날씨의 영향을 받는다는 사실을 발견했다.

날씨가 나쁠 때는 피곤, 무기력, 건망증, 어지러움, 신경과민, 우울, 수면 부족, 편두통, 주의력 감퇴, 공포, 오한, 식욕부진, 소화불량, 신경질, 짜증 등이 쉽게 생긴다. 반대로 화창하고 맑은 날에는 유쾌한 기분이 들어 심신 건강을 유지하기 쉽다. 적당한 햇빛과 습도에 잔잔한 바람까지 불면 기분이 상쾌하고 편안함을 느낄 것이다. 그러나 일주일 내내 비가 오면 뚜렷한 이유 없이 기분이 가라앉는다.

이런 기분 변화를 단순히 '감상적이어서'라고 치부할 수는 없다. 날씨가 기분에 미묘한 영향을 미친다는 것은 과학적으로도 증명된 사실이기 때문이다. 예를 들어 한랭 기후 지역에 사는 사람들은 겨울에 햇빛이 적어 쉽게 우울해지며 피로감과 졸음을 자주 느낀다.

'태양은 만물을 성장하게 한다'라는 말이 있다. 식물이 광합성 작용을 하듯이 인간도 햇빛이 잘 드는 집에서 살아야 건강해진다는 뜻이다. 심리학 연구 결과에 따르면 햇빛이 충분한 지역에 사는 아이들이 더 활발하고 생기가 넘치는 것으로 나타났다. 형광등에도 태양광 속에 있는 자외선이 포함되어 있어 건강에 도움이 된다. 자폐적 성향의 사람을 빛이 충분한 지역에서 생활하도록 했더니 자폐적 행동이 반으로 줄었다는 보고도 있다.

빛이 부족하면 눈의 피로와 구토, 두통, 우울, 답답함 등의 증상이 나타난다. 실제로 프랑스에서 흐리고 비 오는 날이 오랫동안 계속되자 우울증 환자가 급격히 증가했다. 이에 질병관리국은 환자들에게 빛을 쬐게 해 우울증을 치료하는 인공 태양 치료법을 시행하여 치료 효과를 톡톡히 보았다.

기후는 일정 지역에서 여러 해에 걸쳐 나타난 날씨의 평균 상태를 말한다. 학자들은 개인의 성격이 생활하는 지역의 기후와 밀접한 관계가 있다는 사실을 발견했다. 날씨는 기분에 영향을 미치는데 이것이 오랫동안 지속되면 한 사람의 성격에도 영향을 미친다는 것이다.

'그 지방의 풍토가 그 지방 사람의 특징을 만든다'라는 말이 있다. 거의 모든 사람이 기후의 영향에서 완전히 벗어날 수 없다는 이야기다. 오랫동안 열대 지역에서 생활한 사람들은 비교적 거칠고 화를 쉽게 낸다. 위도가 높은 아한대 지역은 기후가 한랭

하고 햇빛이 적어 우울증 발병률이 높다. 습윤한 지역에 사는 사람들은 정이 많고 민감하며, 초원에 사는 유목민들은 대부분 성격이 호방하다. 산간 지역에 사는 사람들은 대부분 솔직하다.

한편 창작 활동을 하는 데는 15~18도가 유지되면서 맑고 쾌적한 기후가 가장 적당하다고 한다. 이런 곳에서 장기간 생활한 사람들은 두뇌가 잘 발달하여 문학과 예술의 성과가 비교적 많다.

이유 없이 기분이 가라앉거나 몸 상태가 안 좋을 때가 있다. 이는 날씨 탓일 수도 있으니, 가능한 한 주변 환경을 밝고 쾌적하게 유지하도록 하자. 안 좋은 날씨가 이어지는 시기에는 기후가 좋은 지역으로 여행을 떠나는 것도 기분 전환에 도움이 된다.

색깔에 따른 사람의 심리

심리학자들은 색깔도 사람의 심리에 영향을 미친다고 말한다. 일반적으로 붉은색은 정열, 포만, 사랑의 감정을 유발한다. 노란색은 기쁨과 명랑한 기분을, 녹색은 평화를 상징하고 안정, 편안, 온화한 느낌을 불러일으킨다.

파란색은 고요하고 시원하고 상쾌한 느낌을 주어 기분을 밝게 한다. 회색은 우울하고 공허한 느낌을, 검은색은 엄숙하고 슬픈 느낌을 준다. 흰색은 우아하고 순결하며 경쾌한 느낌을 준다.

검은색으로 칠한 교량이 있었다. 이 다리 위에서 자살하는 사람이 해마다 끊이지 않자 교량의 색을 하늘색으로 바꾸었더니 자살률이 현저히 줄어들었다. 나중에는 아예 분홍색으로 칠하였는데 아무도 이곳에서 자살하지 않았다고 한다.

그 이유는 무엇일까? 심리학의 관점에서 보면, 색깔이 사람의 기분에 영향을 미쳤기 때문이다.

검은색은 사람을 침울하게 만들어 보고 있으면 고통과 절망이 더 커져 자살의 문턱에서 고민하는 사람들을 더 자극한다. 그러나 하늘색과 분홍색은 따뜻하고 희망적이어서 절망적인 기분을 없애 준다.

색깔은 사람의 정서뿐 아니라 신체 건강은 물론 맥박이나 손아귀 힘에도 영향을 미친다. 실험 결과 노란색 방에서는 맥박이 정상이었고, 파란색 방에서는 조금 느렸으며, 붉은색 방에서는 빠르게 뛰었다.

프랑스 생리학자들의 실험 결과에 따르면 붉은색 조명 아래서는 손의 악력이 평소보다 두 배 강해졌으며, 주황색 조명에서는 반 배 강해졌다.

학자들이 임상 시험을 통해 색깔 치료를 연구한 결과 고혈압 환자가 짙은 갈색 안경을 쓰면 혈압이 낮아지고, 붉은색과 파란색은 혈액순환을 촉진하는 게 확인되었다. 또 흰색, 연파란색, 연녹색, 연노란색으로 칠한 방에서 환자를 생활하게 하면 마음이 안정되고 편안해져 건강 회복에 도움이 되었다.

따라서 우울할 때는 밝은색 옷을 입거나 파스텔 색조로 침실을 꾸미거나, 기분에 따라 컴퓨터 모니터 색을 바꿔 보자. 심리 상태에 따라 특정 색을 선택하여 조절하면 기분이 한결 나아질 것이다.

음악이 미치는 정서적 영향력

음악은 사람의 감정에 묘한 영향을 미친다. 음악은 기분을 조절하고, 마음을 달래서 걱정 근심에서 벗어날 수 있게 한다. 그러나 나쁜 음악은 심신에 부정적인 영향을 미쳐 우울하고 초조하게 만들기도 한다.

독일의 음악가 마이어베어가 어느 날 부인과 말다툼을 했다. 그는 기분을 가라앉히기 위해 쇼팽의 〈야상곡〉을 연주했다. 피아노를 치면서 음악의 매력에 흠뻑 빠진 덕분에 조금 전의 불쾌한 기분을 서서히 잊을 수 있었고, 단단히 화가 났던 부인 또한 아름다운 선율에 매료되어 자기도 모르게 피아노 곁으로 다가와 남편을 꽉 끌어안았다. 쇼팽의 '야상곡'이 흐르는 가운데 부부는 화해했다.

음악의 아름다운 선율에 심취하면 무한한 기쁨과 함께 몸이 가벼워지는 느낌이 든다. 아울러 음악에 맞춰 노래를 부르면 감정을 표출할 수 있고 기쁨과 편안함을 느낄 수 있다.

또한, 활기도 되찾을 수 있다.

뉴욕대학교 의학센터의 연구에 따르면 음악이 질병의 발병을 막고 건강 회복에 도움을 준다고 한다. 또 다른 연구에서도 음악이 통증을 완화해 준다는 사실이 증명되었다. 실제로 환자에게 30분 동안 클래식을 듣게 했더니 안정 효과가 나타났다. 이 밖에도 음악과 긴장 완화 훈련을 통해 고혈압, 편두통, 위궤양 같은 스트레스성 질병을 완화할 수 있다는 연구 결과도 있다.

하지만 앞서 밝혔듯 모든 음악이 유익한 것은 아니다. 실험 결과 클래식을 들으면 심리적 안정을 느끼지만, 록 음악을 들으면 초조해진다고 한다.

더 극단적인 예로 〈글루미 선데이 *Gloomy Sunday*〉라는 음악을 들 수 있다. 이 곡을 듣고 나면 기분이 극도로 가라앉고 우울해져 심각한 경우 염세주의에 빠져 자살을 선택하기에 이른다. 이처럼 음악이 정서에 미치는 영향력은 매우 크다.

매일 시간을 내어 아름다운 음악을 듣자. 클래식, 경쾌한 소품곡, 은은한 국악과 동요 등은 긴장과 피로를 풀어 준다. 특히 스트레스와 긴장에 시달리는 사람들은 아름다운 음악을 많이 들어야 한다.

2장
정신과 육체의 조화

욕구의 발전 단계

미국의 심리학자 매슬로는 1943년 발표한 『인간의 동기이론』에서 욕구 단계설을 제기했다. 그는 인간의 욕구를 5단계로 나누었다.

1단계는 생리적 욕구로 의식주와 같이 생존에 필요한 가장 기본적인 욕구이다.

2단계는 안전의 욕구로 심리적·물질적 안전이 모두 포함된다. 즉, 도둑과 사고에서 안전하기를 바라고, 안정된 직업과 퇴직금, 튼튼한 사회보장제도가 유지되기를 바란다.

3단계는 사회적 교제에 대한 욕구로, 사회의 일원인 인간은 우정과 집단의 소속감이 필요하므로 다른 사람과의 교류로 상호 간의 염려와 도움, 칭찬을 갈구한다.

4단계는 자기 존중의 욕구로, 다른 사람에게 존중받고 싶은 욕구와 자존심이 모두 포함된다.

5단계는 자아실현의 욕구로, 노력을 통해 생활에 대한 기대를 충족시켜 일과 생활에서 모두 만족감을 얻고자 한다.

매슬로는 '욕구란 인간의 잠재의식 속에 있는 내재적이고 천성적인 것'으로서 단계별 순서에 따라 발전한다고 보았다. 낮은 단계의 욕구는 높은 단계의 욕구보다 더 강렬한데, 이는 동물의 욕구와 매우 비슷하다. 그리고 높은 단계의 욕구는 인간만이 지닌 특징이다. 이는 생존과 직접적인 관계는 없지만, 욕구를 만족시키기 위해 노력하는 과정에서 더 강렬한 행복을 경험할 수 있게 된다.

인간의 욕구는 끝이 없다. 한 가지가 충족되면 또 다른 새로운 욕구가 생겨나게 마련이다. 한편 인간의 감각기관은 늘 외부 자극을 받기 때문에 자극이 빈번할수록 감각은 무뎌진다. 감각이 무뎌지는 비율과 만족도는 정비례하여 만족도가 높을수록 무뎌지는 비율도 높아진다. 배고플 때는 음식이 꿀처럼 달지만 배부를 때는 꿀도 달지 않게 느껴지는 법이다.

일반적으로 인간은 어떤 욕구나 필요가 생기면 불안하고 긴장하게 되는데, 이것이 일종의 내재적인 추진력으로 발전한다. 그 뒤에 목표를 선택하거나 찾는 것이다.

인간은 목표를 정하고 나면 욕구를 만족시키고자 움직이며, 이 과정에서 욕구가 만족되는 동시에 점차 약해진다. 나아가 행동이 끝나면 긴장이 풀어지고 또 새로운 욕구가 생겨 두 번째 행동에 돌입하게 된다. 이런 주기를 반복하면서 끊임없이 욕구가 늘어난다.

'인간의 욕망은 끝이 없다'라는 말이 있다. 춘추시대의 순자는 '귀위천자 욕불가진貴爲天子 欲不可盡'이라고 했다. 모든 것을 다 누릴 수 있는 천자의 자리에 있어도 욕망은 끝이 없다는 뜻이다. '농籠 땅을 얻으면 촉蜀나라 땅까지 갖고 싶다'라는 뜻의 고사성어 득롱 망촉得籠望蜀도 같은 뜻이다. 이런 성어들은 주로 부정적인 의미로 쓰이지만, 심리학적 관점에서 본다면 여기에는 인간의 기본적인 속성인 '욕구 단계론'이 잘 반영되어 있다.

집에 대한 사람들의 수요를 봐도 인간의 욕구는 점점 커진다는 것을 알 수 있다. 궁핍하던 시절, 사람들은 다닥다닥 붙어 있는 판자촌에서 서로 부대끼며 살면서도 이 정도쯤은 괜찮다고 생각했다. 그러나 가난에서 벗어나자마자 사람들은 편리한 생활을 꿈꾸기 시작했다. 이 시기에 들어 좋은 집에 대한 관심이 커진 것은 물론이고 집을 살 때는 주택 면적에 더해 내부 구조까지 신경 썼다. 경제가 발전하자 사람들은 행복하고 안정된 생활을 꿈꾸며 더 안락한 집을 찾게 되었다. 편하고 안락한 곳에 살아야 더 즐겁게 일할 수 있다고 생각하게 된 것이다.

현실적으로 낮은 단계의 욕구가 충족되지 않은 상태에서 높은 단계의 욕구까지 추구하기는 어렵다.

거리에서 폐품을 수거해 하루하루를 연명하는 사람이 체면이나 존엄을 따질 여력이 없는 것처럼 말이다. 하지만 3단계 욕구까지 만족된 사람은 4단계 욕구, 즉 다른 사람에게 존중받고 싶은 욕구를 충족하기 위해 노력할 것이다. 예를 들어 소득이 비교적 높은 사람이 고급 승용차를 사는 이유는 타고 다니려는 목적도 있지만, 이미지 관리 차원이기도 하다. 또 부를 쌓은 사람이 자선사업을 하는 것은 더 높은 인생의 가치를 실현하고자 함이다.

　자신의 가치를 높이고 발전하기 위해 욕구의 단계를 높여 보자. 그리고 부단한 노력을 통해 더 높은 단계의 욕구를 만족시켜 보자. 그렇다고 수단과 방법을 가리지 않고 욕구를 만족시켜서는 안 된다. 그랬다가는 자칫 직권남용으로 부패 스캔들에 휘말린 부패 관료들처럼 모두에게 멸시를 받을지도 모른다.

적당한 선택의 폭

선택의 폭이 너무 좁으면 선택하기 어렵다는 것은 누구나 다 아는 사실이다. 좋고 나쁨이나 우열을 가릴 수 있는 비교 대상이 너무 적기 때문이다. 모든 가능성을 비교해 봐야 합리적으로 판단해 결정을 내릴 수 있다.

그러나 선택의 폭이 너무 넓어도 선택하기 어렵기는 마찬가지다. 선택 항목이 너무 많으면 어떤 것이 더 나은지 비교하기 어렵기 때문이다. '많은 선택 사항'은 오히려 '선택할 수 없는' 상태로 만들어 어떤 것도 선택할 수 없게 한다. 이는 당연히 선택에 부정적인 영향을 미친다.

심리학자들은 선택 항목이 적당해야 쉽게 결정할 수 있다고 말한다. 이를 '선택의 법칙'이라고 한다. 한 과학자가 피험자를 두 조로 나누어 1조는 초콜릿 6개 중 하나를, 2조는 30개 중 하나를 고르도록 했다. 그 결과 2조에 속한 많은 사람이 자기가 선택한 초콜릿이 별로 맛이 없다고 생각했으며 자신의 선택을 후회했다.

캘리포니아 스탠퍼드 대학교 근처의 슈퍼마켓에서도 비슷한 실험을 했다. 직원들이 마켓 내부에 잼 시식대를 마련하여 한쪽에는 여섯 가지 맛을, 다른 한쪽에는 스물네 가지 맛을 준비했다. 그 결과 스물네 가지 맛이 놓인 시식대에는 242명이 왔고 그중 60퍼센트가 시식을 했다. 여섯 가지 맛이 놓인 시식대 앞에는 260명의 고객이 찾아왔고 그중 40퍼센트가 시식에 참여했다.

하지만 판매 성적은 의외였다. 여섯 가지 맛을 시식한 고객 중 30퍼센트가 한 병 이상씩 산 데 비해, 스물네 가지 맛이 놓인 시식대에서는 3퍼센트만이 잼을 산 것이다. 이 두 실험은, 사람들은 선택의 폭이 너무 넓으면 오히려 결정을 못 한다는 것을 보여 준다.

'기로망양岐路亡羊'이라는 성어가 있다. 하루는 양자楊子의 이웃이 양을 몰고 돌아오던 중에 수레와 말을 만나 양들이 놀라 흩어져 버렸다. 집에 돌아온 이웃은 양 한 마리가 부족한 것을 발견하고 식구들은 물론 양자의 심부름하는 아이까지 불러 함께 양을 찾았다. 양자가 이웃에게 "이렇게 많은 사람이 필요할까요?" 하고 묻자 이웃은 "산과 들, 밭 사이에 갈림길이 많아 이들로도 어림없습니다"라고 대답했다.

사람들은 오는 길을 되짚어가면서 갈림길마다 한 사람씩 흩어져 양을 찾았다. 양자의 이웃도 큰길을 따라 걸었다. 그러나 얼마 안 가 앞에 또 다른 갈림길이 나타났다. 그는 아무 길이나 선택해 걸었는데, 조금 걷다 보니 또 갈림길이 나타났다. 하지만 이미 지칠

대로 지쳤고 날도 어두워져 돌아올 수밖에 없었다. 양을 찾으러 간 다른 사람들도 마찬가지였다. 이 이야기는 바로 선택 사항이 너무 많으면 사람은 어디서부터 손을 써야 할지 몰라 우왕좌왕하다가 결국 결정을 못 내린다는 것을 보여 준다.

이 같은 현상은 인생의 많은 일에서도 나타난다. 배우자를 찾을 때도 마찬가지다. 선택의 폭이 좁으면 혹시 더 좋은 상대가 나타나지 않을까 하는 생각에 맞선을 더 보려고 한다. 하지만 사람을 너무 많이 만나면 도대체 어떤 사람이 자기와 맞는지 알 수 없게 된다. 이렇게 어영부영하다가 시간은 흐르고 결국 결혼 적령기를 놓치고 만다. 급기야 나중에는 선택의 폭이 갑자기 줄어 마찬가지로 선택하기가 어려워진다.

직장에서도 비슷한 현상이 나타난다. 관리자들은 늘 여러 부서의 의견을 듣는다. 하지만 '집을 짓는 데 길 가는 사람에게까지 물어보면 3년이 지나도 못 짓는다'라는 말처럼, 모든 사람의 의견을 듣다 보면 그만큼 결론을 내기 어렵다. 사람마다 문제를 보는 관점이 달라서다. 그래서 의견을 너무 많이 들으면 오히려 결정하기가 힘들고 때에 따라서는 주관을 잃을 수도 있다. 선택의 폭이 너무 좁으면 그만큼 시야가 좁아질 수 있지만, 선택의 폭이 지나치게 넓어도 안 된다. 자칫 우왕좌왕하다 잘못된 결정을 내릴 수 있기 때문이다. 어느 정도가 적당한지 객관적으로 판단하자. 그래야 현명한 결정을 내릴 수 있다.

고정관념

　어떤 위치에 익숙해지거나 어떤 사물에 고정관념이 생기면 태도를 바꾸기 어렵다. 다음의 두 실험을 보면 이런 심리를 확실히 알 수 있다. 사회심리학자 회의에서 참가자들에게 자리를 자유롭게 선택해 앉으라고 했다. 그리고 밖에서 조금 쉬다가 다시 회의장 안으로 들어가도록 했다. 이것을 5~6차례 반복한 결과 대다수가 제일 처음 앉았던 자리에 다시 앉았다.

　다른 실험에서는 피험자들에게 아프리카 국가 중 몇 개 국가가 UN 회원국인지 맞혀 보라고 했다. 생각하기 전에 피험자들에게 0~100개 사이에서 선택하도록 범위를 정해 주었다. 그 결과 10퍼센트의 응답자가 25개국 내외일 것이라고 대답했고, 60퍼센트의 응답자가 45개국 내외일 것이라고 대답했다.

　이 두 실험은, 사람들은 어떤 사물의 성격이나 역할을 마음속에 고정시키면 선입관에 사로잡힌다는 점을 알려 준다.

정鄭나라 사람이 신발을 사는 이야기가 있다. 그는 신이 낡아 새 신발을 사러 장에 가기로 하고, 길을 나서기 전에 끈으로 자기의 신발 크기를 쟀다.

장에 도착해 신발을 고른 그는 치수를 확인하려고 끈을 찾았지만 없었다. 그제야 끈을 집에 두고 왔다는 사실을 깨닫고는 급하게 집으로 돌아갔다. 하지만 그가 끈을 가지고 돌아왔을 때 장은 이미 파하고 난 뒤였다.

이 정나라 사람은 바로 '역할 고정 심리'의 오류를 범한 것이다. 처음에 끈으로 발 치수를 쟀기 때문에, 신었을 때 발에 맞는 신발이 가장 좋다는 생각은 아예 하지도 않았던 것이다. 이 이야기는 약간 과장되었지만, 누구나 일상생활에서 '역할 고정 심리'의 영향을 쉽게 받는다는 사실을 알 수 있다. 자기 자신에 대한 인식도 마찬가지다.

당나라 선종 때 한 재상이 이원李遠을 항주 자사로 추천했다. 하지만 선종은 고개를 저으며 반대했다.

"경은 '청산에 천 잔의 술을 마다치 않고, 백일 동안 오직 바둑으로 소일하네'라는 그의 시를 못 들었는가? 이렇게 제 할 일도 제대로 하지 않고 바둑에만 빠져 있는 사람이 어떻게 고을을 다스릴 수 있겠는가."

재상은 그것은 시에 불과하다고 애써 두둔했다. 그러나 선종은 크게 노하여 시는 자신의 의지를 언어로 표현한 것이어서 이렇게 썼다는 것은 얼마든지 이와 똑같이 할 수도 있다는 뜻이라고 주장했다. 재상은 거듭 간곡히 청하였다.

"이원은 능력 있는 인재입니다. 다만 그저 할 일이 없어 바둑을 두며 소일하는 것입니다. 만약 폐하께서 그를 항주 자사로 임명하신다면 그는 능히 일을 잘 해낼 것입니다. 결코, 온종일 바둑만 두는 일은 없을 것입니다."

재상의 말에도 일리가 있다고 생각한 선종은 이원을 등용했고, 다행히도 이원은 항주를 잘 다스렸다. 사실 이원은 관직이 없을 때 자신을 한량으로 여기고 그럭저럭 세월을 보냈다. 하지만 관직을 얻자 자기도 좋은 관리가 될 수 있다고 생각해 행동을 바꾸고 나라를 위해 헌신했다. 이는 사람들이 자기 자신은 물론 다른 사물을 판단할 때 종종 비이성적이 된다는 사실을 나타낸다. 만약 처음에 유용한 정보를 줬다면 이성적으로 판단할 수 있겠지만 많은 경우 사람들은 쓸데없는 초기 정보만을 고집한다.

한 상인이 어느 지역에서 수공예 바구니를 개당 천 원에 들여와, 다른 도시에 원가보다 싼 개당 8백 원에 팔았다. 본전에도 못 미치는 가격에 팔았지만 1년 뒤 상인은 백만장자가 되었다.

이유가 뭘까? '정부에서 상금을 받았다.' '소비자를 감동시켜 회원제 회사를 설립하여 회비를 받았다.' 혹은 '복권에 당첨됐다.' 등등 여러 가지 상상을 할 수 있을 것이다. 그러나 답은 간단하다. 그는 원래 천만장자였는데 손해를 봐서 백만장자가 된 것이다.

이 상인이 '돈을 번 방법'에만 초점을 맞추어 생각한 이유는 처음에 이 상인이 빈털터리였을 것이라 추측해서 사고의 오류가 생겼기 때문이다.

이 밖에도 직업, 전공, 직위 등 사회적 지위를 판단할 때도 역할 고정 심리의 영향을 받는다. 예를 들어 직장을 구할 때 먼저 이상적인 직장을 정해 놓으면 그 분야의 직장만 찾지, 다른 직종이 자신에게 더 적합할 것이라고는 생각하지 않는다. 대다수가 자기 생각을 쉽게 바꾸려고 하지 않는다. 그렇지만 상황에 따라 기존의 기준이나 기대를 다시 조정할 필요가 있다는 사실을 명심하자.

적당한 심리적 긴장의 효과

장 이론*Field Theory*을 주창한 독일의 심리학자 레빈은 인간에게는 어떤 행위를 완성하려는 경향이 있다고 생각했다. 흔히들 수수께끼의 답을 찾거나 책을 보기 시작하면 끝을 보려고 하는데, 이를 '긴장 효과'라고 한다.

동그라미를 그릴 때 완벽하게 다 이어 그리지 않고 끝에 공백을 조금 남겨 두면 끊어진 부분을 마저 잇고 싶은 생각이 드는 이유도 바로 '긴장 효과' 때문이다.

사람들은 자신의 욕구를 충족시켜 자신의 행위를 완성하려고 한다. 예컨대 갈증이 나면 물을 마시려 하고, 배고프면 먹을 것을 찾는다. 어떤 욕구가 생기면 그것을 충족하기 위해 긴장하게 되고, 곧 행동을 시작한다. 이때 긴장은 욕구가 충족되기 전까지 사라지지 않다가 충족되고 나서야 비로소 완화된다.

이는 일을 할 때도 마찬가지다. '성취욕'과 '심리적 긴장'이 없으면 일을 대충 하고 게을러지기 십상이다. 공부든 일이든 참을성

없이 작심삼일 한다면 이루어지는 결과는 하나도 없을 것이다.

그러나 '성취욕'과 '심리적 긴장'이 강하다고 반드시 좋은 것은 아니다. 심리학자들은 '성취욕'과 '심리적 긴장'이 지나치게 강하면 일과 학업, 그리고 일상생활에서 과도한 걱정과 공황 심리가 나타날 수 있음을 지적한다. 따라서 능력이 저하되어 오히려 임무를 잘 완성할 수 없거나 심지어 정서 불안과 건강 문제가 생길 수도 있다고 말한다.

악양자樂羊子와 그의 부인에 대한 유명한 일화가 있다. 공부를 위해 집을 떠난 악양자가 집 생각이 간절해 학업도 마치지 않고 집으로 돌아왔다. 학업을 다 마친 것인지를 묻는 부인에게 악양자는 "아니오, 집 생각이 간절하여 먼저 돌아왔소"라고 대답했다. 마침 베틀에서 천을 짜고 있던 부인은 벌떡 일어나 가위로 천을 잘라 버렸다. 왜 그러느냐고 놀라 묻는 악양자에게 부인은 대답했다.

"공부하겠다고 집을 떠난 사람이 학업을 다 마치지 않고 돌아온 것은 다 완성되지 않은 천을 중간에 찢는 것과 같습니다."

부인의 말에 크게 깨달은 악양자는 그 길로 길을 떠나 학업을 마칠 때까지 집에 돌아오지 않았다. 악양자는 참을성과 의지는 물론 심리적 긴장감도 부족했다. 그러나 부인의 완곡한 비판이 그를 고무시켜, 성공할 때까지 쉬지 않고 열심히 하도록 돕는 계기가 되었다. 일상생활에서도 이런 예는 많다.

심리적 긴장감이 없으면 장기적이고 어려운 임무를 완수하기 힘들지만, 반면 심리적 긴장감이 지나쳐 어떤 일이든 시작하면 단번에 끝을 보려는 사람들도 있다. 그들은 자신의 계획이 완벽하다고 생각해 단번에 완성하지 못하면 심리적 만족감을 느끼지 못한다.

갑이라는 사람이 거실에 그림을 걸기 위해 옆집에 사는 을에게 도움을 청했다. 갑이 벽에 못을 박으려는 순간 을이 그렇게 하기 보다는 나무토막 두 개를 먼저 박고 그 위에 그림을 거는 것이 더 좋겠다고 말했다. 갑은 을의 의견을 받아들여 을에게 나무토막을 찾아 달라고 했다. 이윽고 나무토막을 벽에 박으려는 순간 을이 "잠깐, 잠깐, 나무가 좀 커요. 톱으로 좀 잘라내야겠어요"라고 말했다. 을은 사방을 뒤져 톱을 찾아냈다. 갑이 톱질하려는데 을이 이번에는 "이런, 톱날이 너무 무디네요" 하더니 줄칼을 가져왔다. 그런데 줄칼에 손잡이가 없었다. 을은 손잡이를 만들어야 한다며 동네 밖으로 나가 작은 나무를 찾아냈다. 하지만 갑의 녹슨 도끼로는 나무를 벨 수가 없어 도끼 가는 숫돌을 찾았다. 또 숫돌을 고정하는 데는 숫돌 고정용 나무가 필요해서, 을은 숫돌 고정용 나무틀을 만들기 위해 교외에 있는 목수를 찾아갔다.

한편 기다리다 지친 갑은 그냥 벽에 못을 박아 그림을 걸었다. 그날 오후에 갑은 길을 가다가 어떤 상점에서 무거운 전기톱을 들고 나오는 을을 발견했다.

이 이야기는 심리적 긴장감이 지나친 것도 병이라는 사례를 보여준다. '100퍼센트 완벽한 순금은 없고 완벽한 인간도 없다'라는 말처럼 사람이 하는 일이 100퍼센트 완벽할 수는 없다.

세세한 모든 부분까지 완벽을 추구하다 보면 결국 행동과 생각이 마비되어 임무를 제때 완수할 수 없다.

심리적 긴장감을 조절하여 적당한 긴장 상태를 유지하면 긴장감이 느슨해져 '게으름'에 빠지는 것은 물론 긴장감이 지나쳐 '완벽주의'를 추구하는 것도 방지할 수 있다.

심리적 긴장감이 지나치게 강하다면 작은 것부터 조절해 나가도록 하자. 예를 들어 고전을 꼭 한 번에 다 읽을 필요는 없고, 방 안에 먼지가 쌓였다고 하던 일을 멈추고 즉각 청소할 필요도 없으며, 하룻밤 사이에 스웨터를 다 짜야 할 필요는 더더욱 없다. 애초에 끝까지 다 할 필요가 없는 일도 있는 것이다.

큰 자극 뒤에 따르는 작은 자극

처음에 큰 자극을 받으면 비교적 약한 두 번째 자극은 잘 견뎌 낸다. 이를 '베버의 법칙'이라고 한다.

한 실험에서 피험자에게 오른손으로 300그램짜리 저울추를 들게 했다. 이어 왼손에 306그램이 넘는 저울추를 들게 했더니 비로소 양손에 있는 추의 무게가 다르다는 점을 인식했다. 오른손에 600그램을 들었을 때도 왼손에 612그램을 들었을 때 무게의 차이를 느꼈다.

만약 신문값이나 버스 요금이 천원에서 갑자기 2천 원 혹은 3천 원으로 오르면 받아들이기 힘들 것이다. 그러나 상대적으로 집값이 1억 원에서 2백만 원 오르면 많이 올랐다는 느낌이 덜하다.

그 이유는 사람은 처음에 큰 자극을 받을수록 이후의 자극에 둔감해지기 때문이다. 일상생활 곳곳에서 이 법칙이 적용되는 사례를 볼 수 있다. 예를 들어 결혼하고 나니 배우자의 태도가 결혼 전과 달라졌다고 원망하는 사람들이 있다. 서로에 대한 탐색기인 연애

기간에는 사소한 접촉이나 눈길 하나, 말 한마디, 키스 한 번에도 마냥 설레고 강렬한 인상을 받는다. 하지만 결혼하고 나면 예전과 똑같이 행동하더라도 강렬한 느낌은 덜 하다. 이는 연애와 결혼이라는 큰 '자극'을 받은 뒤에는 소소한 배려나 친밀함과 같은 작은 행동은 인상적이지 않아 예전과 다르게 느껴지기 때문이다.

기업에서도 조직 개편과 인사이동에 이 법칙을 적용하곤 한다. 어떤 직원을 해고하고 싶지만 일이 크게 확대되어 잡음이 생기는 것을 원치 않을 때, 회사는 먼저 이 사람과 관계없는 부서를 상대로 대규모 인사이동이나 감원을 한다. 이렇게 다른 직원들에게 충격을 준 다음 서너 차례 인사이동과 감원을 반복한다. 그다음 비로소 원래 해고하고 싶었던 사람을 지목한다. 이렇게 하면 직원들은 이미 여러 번의 충격에 감각이 둔해져 별 반응을 보이지 않는다.

협상에서도 이 심리 전술을 응용할 수 있다. 처음 시작할 때 거절하기 어려운 우대 조건을 제시하고 협상이 기본적으로 마무리되어 갈 무렵에 다소 불리한 조건을 제시한다. 이렇게 하면 상대방은 비교적 쉽게 받아들인다. 처음 제시했던 우대 조건의 자극이 컸기 때문에 이후의 불리한 조건은 상대적으로 작은 자극에 불과해 받아들이기 쉬워진다.

잘 보이지 않는 자신의 결점

사람들에게 "당신은 자신이 나쁜 사람이라고 생각합니까?"라고 물으면 대부분이 그렇지 않다고 대답한다.

일반적으로 사람들은 자기를 나쁜 사람이라고 여기지 않는다. 설령 자신이 나쁜 행동을 했다 하더라도 변명을 하거나 무의식적으로 다른 사람에게 책임을 전가한다. 이를 '자기 합리화 심리'라고 한다.

사람들은 나쁜 짓을 저질러도 잘못을 인정하기는커녕 항상 핑계를 대기 바쁘다. 연쇄살인범도 경찰에 체포되면 자신의 죄는 뉘우치지 않고 오히려 불공평한 사회 때문에 죄를 저질렀다고 변명한다. 공장의 자재를 훔친 도둑도 "나는 회사 물건만 훔쳤지, 사람을 상하게 하지는 않았다!"라고 외친다. 부자에게 강도질을 한 강도범은 "가진 게 돈뿐인 사람인데 뭐가 어때? 그리고 그 돈 모두 합법적으로 번 것도 아니잖아?" 하고 따진다.

이는 모두 극단적인 자기 합리화가 가져온 결과이다.

직원들에게 인색한 사장은 '이 회사는 내 돈 들여 내가 만든 내 거야. 구직난도 심각한데 실업자 신세 면한 것만도 다행인 줄 알아!' 라고 생각한다. 다른 사람을 때려 놓고 "누가 나한테 욕하래?" 라고 으스대고, 욕을 한 사람은 "내 발 밟고도 미안하다는 소리 하지 않은 게 누군데?" 하며 으름장을 놓는다. 부부가 싸울 때도 서로 자기 말만 옳고 자기가 상대보다 더 많이 노력한다고 주장한다.

이는 다른 사람의 잘못은 쉽게 발견해도 자기의 잘못은 잘 모르는 '자기 합리화 심리' 때문이다. 사람은 누구나 자기가 잘못을 저질러 심각한 결과가 나타나도, 본능에 따라 먼저 '다른 사람 책임 아닌가?' 라고 생각하지 '내 잘못 아닌가?'라고 생각하지 않는다.

시간이 흐른 뒤에야 비로소 남의 잘못이 아닌 바로 자신의 잘못임을 깨닫는다. 그러나 많은 경우 사람들은 자기 자신도 인식하지 못하는 사이에 책임을 다른 사람에게 떠넘긴다. 객관적인 입장에서 자신과 타인을 공정하게 바라보는 일이 어렵기 때문이다.

자신의 잘못을 발견하고 인정할 줄 아는 사람은 매우 훌륭한 성찰을 하고 있는 것이다. 순자는 "나는 하루에 세 번 나 자신을 반성한다"라고 했다. 이렇게 항상 자기 자신을 반성하고 잘못을 바로잡도록 노력해야만, 자신을 발전시키고 맡은 바 책임도 다 할 수 있다.

존중감과 수치심

일상생활에서 "이런 철면피 같으니라고"라는 말을 하게 되는 경우가 있다. 그러나 태어날 때부터 철면피인 사람은 없다.

심리학자들은 모든 사람은 자존감과 수치감을 가지고 태어난다고 말한다. 생후 6개월부터 '좋은 얼굴'과 '나쁜 얼굴'을 식별할 수 있다. 아이를 달랠 때 웃으면 아이도 따라 웃고, 인상을 쓰며 고함치면 금세 울음을 터뜨린다. 이것만 봐도 사람에겐 모두 자존감이 있다는 사실을 알 수 있다.

'철면피'적 성향은 성장 과정에서 오랫동안 다른 사람의 존중을 받지 못해 수치심이 점점 사라져 형성된 것이다. 이를 '철면피 이론'이라고 한다.

'철면피 이론'은 특히 교육에서 시사하는 바가 크다. 아이들의 자존감을 존중해 줘야 수치심을 아는 어른으로 성장할 수 있다. 수치심은 손바닥 살과 비슷해 자주 비비거나 자극을 주면 굳은살이 생겨 나중에는 어떤 자극에도 둔감해진다.

성격이 고약하기로 유명한 선생 A는 학생들을 자주 혼낸다. 매일 장난친 학생들을 교무실로 불러 야단친다. 시간이 지나자 학생들도 습관이 되어 예전처럼 선생 A를 무서워하지 않았고, 심지어 대드는 학생까지 생겼다.

반면 학생들은 야단을 잘 안 치는 선생 B를 더 어려워했다. 어느 날 선생 B가 한 학생을 야단쳤다. 거친 말을 하지도, 큰소리를 내지도 않았는데, 야단맞은 학생은 수치심에 눈물까지 흘렸다.

이는 선생 B가 선생 A보다 '철면피 이론'을 더 잘 이해하고 있어서 생긴 결과다. 선생 B는 평소에 아이들을 존중해 줘야 아이들에게도 자존감이 생겨 야단 한 번에도 즉각 잘못을 고친다는 사실을 알고 있었다. 반대로 야단을 자주 맞은 아이들은 자존감이 무뎌져 어떠한 훈계를 해도 소용이 없다.

아이들의 자존감을 무시하고 다른 사람들 앞에서 걸핏하면 혼내고 야단치면 아이들은 이를 '일상적인' 것으로 받아들인다. 그리고 나중에는 웬만한 일에는 부끄러워하지 않는 '철면피'가 되고 만다. 이런 아이들은 이미 영혼에 상처를 받아서 쉽게 변화시킬 수 없다. 인간관계에서도 주의해야 할 심리이다. 이제 막 결혼한 신혼부부는 서로 손님처럼 깍듯이 대한다. 그러나 세월이 흘러 서로 친숙해지면 사소한 일에도 싸우게 마련이다. 얼굴을 붉히며 싸우는 일이 잦아져 익숙해지면 서로 수치심도 못 느끼다가 결국 부부간의 애정도 식어 버린다.부모나 교사는 아이들에게,

직장 상사는 부하 직원에게, 나아가 모든 인간관계에서 이 심리를
주의해야 한다. 다른 사람을 비난하거나 야단칠 때는 방법과
정도에 유의해야지, 지나친 질책은 서로의 화합을 해칠 수 있으며,
상대방은 점점 당신의 질책에 무뎌질 것이다. 다른 사람의 결점과
잘못을 지적할 때는 가능한 한 완곡한 방법으로, 질책의 정도와
횟수를 조절해 가야 한다.

소유에 따른 심리적 불균형

18세기의 프랑스 철학자 디드로에게 있었던 일이다. 어느 날 디드로는 친구에게 고급 실내복을 선물 받았다. 그는 매우 기뻤다. 그런데 그가 이 고급 실내복을 입고 서재를 돌아다니려니 갑자기 자기 주변의 모든 사물이 촌스럽게 느껴지는 것이 아닌가? 낡아 빠진 가구는 스타일도 제각각이고, 엉성한 바느질 땀이 고스란히 보이는 양탄자 하며 도무지 어울리는 것이 하나도 없었다. 그래서 그는 새 실내복에 맞게 낡은 것들을 하나씩 새것으로 바꾸었다.

그러나 여전히 그의 마음은 편치 않았다. 실내복 하나로 심리적 균형이 깨졌다는 점을 깨달았기 때문이다.

그는 이런 느낌을 『나의 오래된 가운을 버림으로 인한 후회』라는 에세이에 담아냈다.

200년 뒤 미국 하버드 대학교의 경제학자인 줄리엣 쇼어는 이 이야기에 착안해 그의 저서 『과소비 미국』에서 '디드로 효과'의 개념을 제기했다. 디드로 효과란, 어떤 물건을 소유하면 이에 맞춰 관련된 다른 물건들까지 다 갖추려는 경향을 말한다.

일상생활에서도 '디드로 효과'를 쉽게 찾아볼 수 있다. 예를 들어 고급 손목시계를 선물 받았다고 하자. 그러면 이 시계를 차고 다니기 위해 그에 어울리는 양복, 셔츠, 허리띠, 신발, 넥타이, 가죽 지갑까지 모두 비싼 제품으로 바꾼다. 나중에는 안경까지 고급스러운 제품으로 바꾸고, 향수를 뿌리는가 하면 헤어스타일도 바꾸고, 식사도 더 좋은 곳에서 하고……. 이렇게 소비가 점점 늘어나는 것이다.

보통 새집으로 이사 갈 때 그 집에 어울리게 인테리어 공사를 새로 한다. 예컨대 바닥에는 대리석이나 원목 마루를 깔고 마호가니 등으로 만든 가구를 들여놓는다.

이런 집에 사는데 옷을 아무렇게나 입고 다닐 수는 없는 법이라는 생각에 빠지면, 내친김에 '입을 만한' 옷과 구두와 양말까지 산다. 이런 식으로 디드로처럼 바꿔 가다 보면 어느 순간 집주인도 그 집에 '어울리지' 않는다고 생각되어 결국 이혼하게 될 수도 있다.

이런 현상은 엄격히 말해 옳고 그름의 문제가 아니다. 경제 발전을 촉진한다는 측면에서만 보면 이 현상은 소비와 내수형 경제성장을 촉진할 수 있어 긍정적이라고 할 수 있다.

그러나 개인적 측면에서 봤을 때는 반드시 경계해야 한다. 인간의 욕망은 끝이 없지만, 우리의 경제력은 한계가 있기 때문이다. 맹목적 소비의 결과는 빚더미일 뿐이다. 물건을 사기 전에 미리 액수에 제한을 두고, 돈을 다 쓰면 신용카드 사용도 멈추어야 한다. 어쩔 수 없는 손실이 발생했을 때 대처하는 방법은, 그 사실을 인정하는 일이다.

돌이킬 수 없는 일에 대한 인정

경제학의 많은 개념은 기업 경영은 물론 인생을 이해하는 데도 큰 도움이 된다. '매몰 비용 효과'도 그중 하나다. '매몰 비용'이란 이미 발생한 혹은 회수할 수 없는 비용으로, 잘못 투자하여 회수할 수 없는 투자 자금 등을 말한다. 매몰 비용은 과거에 이미 지불한 비용이다. 따라서 현재는 통제할 수 없어서 현재의 행동이나 미래의 결책에 영향을 미치지 않는다. 그러므로 투자를 결정할 때 매몰 비용은 배제해야 한다.

일상생활 속에도 매몰 비용이 많이 있다. 그러나 우리는 생활하면서 매몰 비용의 영향을 받아서는 안 된다.

돌이킬 수 없는 일임을 이미 알고 있지만 돌이키려 애쓰거나 이미 놓쳐 버린 기회 때문에 속상해 하다 결국 건강까지 해친 경험이 한 번씩은 있을 것이다. 이는 그야말로 어리석고 쓸데없는 행동이다. 매몰 비용이 너무 많이 들기 때문이다. 생활 속에서 매몰 비용을 줄이려면 불가피한 실패나 손실이 발생했을 때 그 점을 인정한 다음 무시해 버리면 된다. 이를 '매몰 비용 효과'라고 한다.

만 원을 들여 오늘 밤 상영하는 영화 표를 예매했는데, 나가려는 순간 갑자기 폭우가 쏟아진다면 어떻게 하겠는가?

고집스럽게 극장에 가서 영화를 본다면 왕복 택시비가 추가로 지출될 것이다. 또한, 비에 젖어 감기에 걸릴 위험이 있고, 게다가 감기까지 걸리면 병원비가 추가된다. 예컨대 이런 과외 지출을 고려하면 최선의 선택은 그날 영화 보기를 포기하는 것이다.

하지만 많은 사람은 이 원리를 제대로 이해하지 못하고 이미 파묻힌 비용을 '건져' 올리려고 한다. 이미 표를 샀는데 안 보면 돈 낭비라는 생각에, 그리고 이미 결정해 놓은 일정을 수정하기 싫다는 생각에 다른 비용은 고려하지 못하고 결국 더 많은 돈을 쓰고 마는 것이다.

이런 상황에 대처하는 가장 현명한 방법은 이미 지출한 비용에 대한 손해를 겸허히 받아들이는 것이다. 이것 때문에 불필요한 지출을 늘리고 앞으로의 생활에까지 지장을 줄 필요는 없지 않은가?

한 노인이 진귀한 도자기 화병을 샀다. 노인은 화병을 자전거 뒷자리에 싣고 집으로 돌아오다가 그만 끈이 풀려져 화병이 깨져 버렸다. 그런데도 노인은 돌아보지 않고 계속 달렸다. 이를 지켜보던 어떤 사람이 "이보세요, 당신 화병이 깨졌어요!" 하고 외쳤다. 그러자 노인은 고개도 돌리지 않은 채 "압니다. 이미 깨진 걸 어쩌겠습니까?" 하고는 사라졌다.

노인은 '매몰 비용 효과'를 잘 알고 있었기 때문에 그렇게 대범할 수 있었다. 많은 사람이 이런 일을 당하면 자전거에서 뛰어내려 깨진 화병을 보면서 발을 동동 구르며 안타까워하거나 심지어 오랫동안 우울해 할 것이다. 사실 물건은 이미 깨졌는데 후회하거나 안타까워한다고 득이 되는 일은 하나도 없다. 그저 새로운 비용 부담만 늘어날 뿐이다.

많은 사람이 예전에 했던 일이나 하지 않았던 일을 생각하며 후회하는 데 많은 시간을 허비한다. '만약 그때 더 철저히 준비해 면접에 임했더라면……' '회계학과에 진학했더라면……' 하고 말이다. 그렇지만 이것은 어디까지나 시간 낭비에 불과하다는 사실을 명심해야 한다. '만약'이라는 말 대신 '다음에는'이라고 사고한다면, 과거가 아닌 미래에 초점을 맞출 수 있을 것이다.

역할 수행에 따르는 동일시 효과

심리학자 짐바르도는 인간과 환경이 개인에게 미치는 영향을 연구하기 위해 1972년 '모의 감옥' 실험을 진행했다.

지원자 중 절반은 '간수'를, 나머지 절반은 '죄수' 역할을 하게 하여 간수 역할을 맡은 지원자에게는 제복과 호루라기를 주고 '감옥'에서의 규칙을 훈련시켰으며, '죄수' 역할을 맡은 사람들에게는 죄수복을 입히고 감옥에 감금했다.

모든 참가자가 하루 만에 역할과 상황에 몰입하였다. 간수 역을 맡은 사람들은 거칠고 적대적으로 변해 갔으며 다양한 처벌 방법을 생각해 냈다. 반면에 죄수 역할을 맡은 사람들은 무감각해지거나 격렬하게 반항하기 시작하는 등 심리 붕괴 현상이 나타났다.

짐바르도는 피험자들에 대해 "현실과 착각 사이에 혼돈이 발생하여 맡은 역할과 자아가 혼란스러워진 것이다"라고 설명했다. 원래 2주일을 계획하고 시작한 이 실험은 훨씬 앞당겨 종료되었다. 짐바르도는 이렇게 말했다.

"우리는 간담이 서늘한 장면을 목격했다. 대다수 지원자가 진짜 '죄수'와 '간수'로 변해 맡은 역할과 진정한 자아를 구분하지 못했다."

큰 화제를 불러일으켰던 이 실험은 가상의 역할도 개인을 변화시킨다는 사실을 보여 준다. 사람들은 각자의 역할과 자신을 동일시하여 진짜 자신의 신분을 망각했는데, 이를 '역할 동일시 효과'라고 한다.

배우가 어떤 역할에 깊이 몰입하면 '역할 동일시 효과'가 일어나는 것을 느낄 수 있다. 그래서 동작 하나하나까지 그 인물처럼 표현해 역할을 생동감 있게 그려 낸다. 배우가 극에 몰입할수록 역할 동일시 현상이 깊어지고 연기는 더욱 실감이 나 관객의 마음을 움직인다.

한편 배우가 극에 너무 깊이 몰입하다 보면 극이 끝나고도 오랫동안 그 역할에서 빠져나오지 못하는 때도 있다. 역할을 연기하다 보면 그 역할이 바로 자신의 진짜 모습이라고 착각하는 것이다.

이 효과는 여러 방면에서 응용할 수 있다. 예컨대 유치원에서 아이들은 역할 놀이로 경찰, 의사, 부모 등 사회적 역할의 특징을 이해할 수 있다.

성인들 역시 각자의 회사에서 자신의 '역할'에 깊이 빠져든다면 자신의 맡은 바 업무를 더 철저히 하게 될 것이다. 또한, 승진은 새로운 역할의 시작을 의미한다. 처음에는 적응하기 어렵지만,

점점 자신의 역할에 '빠져들면' 결국 그 자리에 순조롭게 적응하고, 서서히 잘할 수 있게 된다. 그 정도에 따라 정열과 몰입도가 커지므로 자신이 원하는 성공도 더 쉽게 이룩할 수 있다.

가격이 높을수록 잘 팔리는 상품

사람들은 물질적 만족뿐 아니라 심리적 만족을 얻기 위해 소비한다. 이런 심리로 특이한 경제 현상이 나타나는데, 일부 제품은 가격이 높을수록 잘 팔린다는 점이다. 이런 현상을 미국의 경제학자 베블런이 처음 제기해 '베블런 효과'라고 부르게 되었다.

디자인이나 가죽의 질에는 별 차이가 없는 구두가 일반 구두 가게에서는 몇 만 원인데 비해 백화점에서는 몇 십만 원이 넘는 경우가 흔하다. 그런데도 사람들은 백화점에서 구두를 사기 원하고 산 다음에도 만족스러워 한다. 또한, 백만 원짜리 안경테나 육백만 원짜리 시계, 심지어 일억 원을 호가하는 고급 피아노 등등 '천문학적인' 가격의 상품이 날개 돋친 듯이 팔리는 것을 종종 볼 수 있다.

이것이 바로 '베블런 효과'다. 일반적으로 사람들은 비싼 물건일수록 좋다고 생각하는데, 이때 품질과 가격이 정말로 정비례하는지는 따지지 않는다.

미국 애리조나주에서 아메리칸 인디언 장식품 가게를 운영하는

A는 터키석으로 만든 장식품이 팔리지 않아 골치를 썩고 있었다. 여행 성수기였고 가격도 저렴한데 좀처럼 팔리지 않았다. 결국 A는 외국으로 물건을 사러 가기 전날 종업원에게 '여기 있는 물건을 모두 2분의 1 가격으로 파세요'라는 메모를 남겼다. 손해를 보더라도 팔아 치워야겠다는 생각이었다. 며칠 뒤 돌아와 보니 과연 그 골칫거리였던 터키석 장식품은 다 팔리고 없었다. 그러나 물건 판 돈을 세어 보니 반값이 아닌 두 배였다. 종업원이 '2분의 1'을 '2배'로 착각했던 것이다. 가격이 더 비싸졌는데 잘 팔린 이유는 무엇일까? 바로 '베블런 효과' 때문이다. 비싼 물건이 더 좋다고 생각한 사람들이 심리적 만족을 위해 비싼 고급 제품을 사는 것이다.

사회경제가 발전하고 소득이 증가하면서 양과 질을 추구하던 개인의 소비 패턴이 격조와 스타일을 추구하는 쪽으로 변화되었다. 이와 관련해 '베블런 효과'를 이용하여 새로운 경영전략을 모색하는 사례가 흔해졌다. 매체 광고를 이용해 제품의 고급스러운 이미지를 강조하고 '남들과 다른' '명품'이라는 인상을 줌으로써 소비자들의 호감을 끌어내는 것이다.

베블런 효과는 소비 패턴이 질과 양을 따져 사던 단계에서 감성 구매로 넘어가는 과도기 단계에 활용하면 성공할 확률이 높다. 경제가 발전한 지역에서는 감성 소비가 이미 트렌드가 되었다. 경제 능력이 있는 소비자가 이런 감성 구매를 선호하면 '베블런 효과'는 시장 점유율을 높일 수 있는 효과적인 전략이 되는 것이다.

가치 없는 일은 할 필요가 없다

사람들은 자기가 하는 일이 가치가 없다고 생각하면 으레 적당히 해치우려고 한다. 하지만 그러면 성공률이 낮을 뿐 아니라 운 좋게 일을 끝낸다고 해도 별다른 성취감을 느끼지 못한다. 따라서 가치가 없다고 생각하는 일은 더 못하게 되고, 반대로 가치 있다고 생각하는 일은 더 잘 해낸다. 이를 '기대 가치 이론'이라고 한다.

어떤 쥐가 다른 쥐들에게 "나는 사자도 이길 수 있다"라고 떠벌렸다. 다른 쥐들이 이 말을 믿지 않자 그 쥐는 숲으로 사자를 찾아가 "이봐! 나랑 한판 붙자!" 하고 소리쳤다. 사자가 고개를 저으며 "싫어"라고 대답하자, 쥐는 "너 내가 무서운 거지?" 하고 물었다. 이에 사자가 그렇다고 대답하자 쥐는 의기양양해서 돌아갔다.

왜 쥐의 도전을 받아들이지 않았느냐고 묻는 다른 동물들의 질문에 사자는 이렇게 대답했다.

"내가 도전을 받아들이면 쥐에게는 사자와 결투했다는 영예가 남겠지만, 나에게는 쥐와 대결했다는 치욕만 남을 뿐이다."

현명한 사자는 가치 있는 일과 가치 없는 일이 무엇인지를 알았다. 또한, 다른 동물들의 자극에 따라 아무 가치도 없는 일에 괜한 정력을 낭비하지도 않았다. 이 일화 속에 바로 '기대 가치 이론'이 숨어 있다. 가치가 없는 일은 할 필요가 없다. 설사 한다 해도 좋은 성과가 나오리라는 보장이 없어서다. 어떤 일의 가치 여부는 일반적으로 다음의 세 가지 기준으로 판단한다.

첫째, 가치관이다. 사람은 자기의 가치관에 부합해야 열정적으로 일한다.

둘째, 성격과 스타일이다. 자신의 성격이나 스타일과 전혀 다른 일을 하면 좋은 성과를 내기 어렵다. 예를 들어 사교적인 사람이 사무실에 틀어박혀 문서 정리를 한다거나, 내성적인 사람이 영업해야 한다면 어떻겠는가.

셋째, 현실적인 상황이다. 같은 일이라도 상황에 따라 느낌이 다르다. 예를 들어 같은 회사에 다녀도 잡일이나 심부름만 하면 스스로 가치가 없다고 느낄 것이다. 그러나 팀장으로 승진하면 달라진다.

한마디로 가치 있다고 생각하는 일은 대부분 자신의 가치관과 성격에 맞으며 건설적인 일이다. 따라서 만약 당신의 일이 이 세 가지 요소를 충족시키지 않는다면 다른 일을 고려해 볼 필요가 있다. 자신의 존재 가치는 스스로 좋아하는 것을 선택했을 때 느낄 수 있고, 그 선택으로 열정과 사랑도 비례한다.

일할 때의 원칙

시계가 하나일 때는 지금 몇 시인지 정확히 알 수 있지만 두 개라면 정확한 시간을 가늠할 수 없다. 두 개의 시계는 더 정확한 시간을 알려 주기는커녕 오히려 정확한 시간에 대한 믿음을 혼란스럽게 할 뿐이다. 따라서 둘 중 더 믿을 만한 시계를 하나 골라 정확하게 맞춘 다음 그 시간을 기준으로 삼고 따라야 한다.

야오밍은 중국인 모두가 알 정도로 유명한 농구 스타다. 그의 농구 실력은 중국뿐 아니라 미국에서도 인정받았다. 그가 미국 NBA 휴스턴 로키츠에 입단한 것만 봐도 알 수 있다.

상식적으로 생각하면 야오밍이 속한 휴스턴 로키츠는 당연히 백전백승하는 최강 팀이 되어야 한다. 그러나 야오밍이 입단한 첫 시즌 휴스턴 로키츠는 참혹한 실패를 맛봤다. 그 이유는 무엇일까?

야오밍이 입단하기 전까지 휴스턴 로키츠의 핵심 선수는 스티브 프랜시스였다. 그런데 야오밍이 입단하고 난 뒤 프랜시스의 핵심적 지위는 흔들렸다. '기존'의 핵심에 새로운 핵심이 더해져 팀워크가 흔들리고 휴스턴 로키츠의 전술이 불분명해졌기 때문이다. 그래서 중요한 순간 누구에게 공을 주어야 할지 모르는 상황이 발생했고, 우물쭈물하다가 번번이 승리를 놓친 것이다.

휴스턴 로키츠는 팀의 중심이 야오밍과 프랜시스 두 사람으로 나뉜 탓에 명확한 목표를 잃고 강력한 팀워크와 약속한 플레이를 구사하지 못해 팀의 실력을 마음껏 발휘하지 못하고 말았다.

한 집단의 핵심은 하나면 충분하다. 핵심이 늘어나면 구성원들은 누구를 따라야 할지 갈피를 잡지 못해 결과적으로 단체의 역량을 하나로 응집시킬 수 없다. 이 밖에 일할 때도 주도적인 하나의 원칙 혹은 하나의 가치관을 따라야 한다. 원칙이 많으면 많을수록 사람들은 혼란스러워질 뿐이다.

아버지와 아들이 나귀를 팔러 장에 가는 길이었다. 부자가 나귀를 끌고 가는데 지나가던 사람이 말했다. "걸어가면 피곤할 텐데 나귀를 타고 가지 그래요?" 그 말에 아버지는 아들을 나귀에 태웠다. 다른 사람이 이 모습을 보고는 말했다. "자식이 부모를 공경할 줄 모르는군. 어떻게 아버지를 걷게 하고 자기가 나귀를 타고 가는 거지?" 그래서 이번에는 아버지가 나귀에 올라탔는데 또 다른 사람이 참견했다. "아버지가 돼서 아이는 걷게 하고 어떻게 자기 혼자 나귀를 타고 간담?" 이 말에 아버지는 아들과 함께 타고 가면 더는 시비 거는 사람이 없을 거라 생각해 아들도 나귀에 태웠다.

그러나 어떤 사람이 와서는 부자를 나무랐다. "당신들 나귀를 잡을 셈이요? 힘이 다 빠진 나귀를 누가 사겠소?" 부자는 할 수 없이 나귀에서 내려왔다. 결국, 두 사람은 나귀 다리를 긴 봉에 묶어 어깨에 메고 갔다. 이 모습을 본 사람들은 그 부자를 비웃었다.

이 이야기를 봐도 일할 때는 하나의 원칙을 고수해야 한다는 사실을 알 수 있다. 여러 사람의 다양한 가치관을 조절하기란 어려운 일이다. 따라서 이때는 그중 하나를 선택하여 기본 원칙으로 삼아야 한다.

일할 때 가장 핵심적이고 기본적인 가치관을 정하면 다른 가치관이 충돌할 때 취사선택할 수 있다. 가정이라면 아버지와 어머니가 통일되고 일관된 태도를 보여야 아이들을 효과적으로 지도할 수 있다.

마감 기한이 주는 효과

대부분의 사람에게는 늑장을 부리는 습관이 있다. 당장 끝내야 할 일이 아니면 대부분 마감 기한이 다 돼서야 열심히 한다.

어떤 일을 할 때, 충분한 준비가 안 된 것 같은 마음에 미룰 수 있을 때까지 미루었다가 더는 미룰 수 없을 때가 되면 그제야 일을 시작하는 것이다. 이를 '최후통첩 효과'라고 한다.

1998~1999시즌, 미국 NBA 구단주와 선수들 간에 새로운 계약을 둘러싸고 마찰이 빚어졌다. 이 때문에 경기는 중단되었고, 선수와 구단주가 협상을 벌인 약 6개월 동안 쌍방이 모두 막대한 손실을 보았다. 이 줄다리기는 구단 측이 최후통첩하고 나서야 겨우 마무리되었다.

이것이 바로 '최후통첩 효과'이다. 만약 최후통첩이 없었다면 상황이 어떻게 되었을지는 아무도 모를 일이다. 이런 사례는 일상 생활에서도 흔히 찾아볼 수 있다. 시장 판매 부서에서 일하는 A는 시장 판촉 이벤트 업무를 맡고 있다. 그에게는 안 좋은 업무 습관이 있는데, 가령 닷새간의 준비 기간을 주면 나흘은 그냥 흘려보내다가 마지막 닷새째가 돼서야 허둥지둥 매장에 연락하고 제품을 준비하고 판촉 사원을 뽑는 것이었다. 때로는 마지막 1분을 남겨 놓고 일을 끝내 안도의 한숨을 내쉬기도 했다.

학교에서도 이런 현상을 찾아볼 수 있다. 월요일에 선생님께서 숙제를 내주고 금요일까지 제출하라고 하면서, 물론 그 전에 제출하는 게 좋다고 아무리 강조해도 화요일부터 목요일까지 숙제를 내는 학생은 극히 드물다. 대부분 금요일이 돼서야 숙제를 제출한다. 그러나 같은 숙제를 수요일까지 제출하라고 하면 학생들은 수요일까지 다 제출한다.

미루는 것도 습관이다. 일을 미루어 버릇하는 사람들은 대체로 자신은 막중한 심리적·물리적 압박을 받아야 일을 더 잘 해낸다고 착각한다. 하지만 사실 이는 자기기만에 불과하다. 심리학자들은 '사람은 압박을 받으면 일을 더 못한다'라고 지적한다. 중국의 유명한 무협 소설 작가 김용金庸은 '마감 스트레스'를 받으며 쓴 글은 만족스럽지 않다고 말했다.

심리학자들은 사람들이 일을 미루는 진짜 이유는 일에 대한 '공포'라고 지적한다. 공포를 없애는 유일한 방법은 미루지 않고 곧바로 행동하는 것이다. 즉, 가능한 한 빨리 일을 마치면 그 공포에서 벗어날 수 있다.

비관주의의 유혹

성공적인 회사에 유연한 낙관주의를 갖고 명령을 내릴 줄 아는 최고 경영진이 필요한 것과 마찬가지로, 성공적인 인생에도 낙관주의와 함께 가끔은 비관주의가 필요하다고 생각된다. 이때의 비관주의는 낙관주의의 사례와 상대되는 개념을 뜻한다.

비관주의로 우리의 현실 감각이 높아지고 정확성이 길러지는 부분이 분명 있기 때문이다. 특히나 생각지 못하던 재앙이 불쑥불쑥 일어나는 세상에서 살고 있다면 말이다. 이제 비관주의의 부정적 사례를 다시 훑어보고 그 손익을 계산해 보려고 한다.

- 비관주의는 우울증을 유발한다.
- 비관주의는 실패에 직면했을 때 활동하기보다는 무기력하게 만든다.
- 비관주의는 우울함, 침체, 걱정, 근심과 같은 좋지 않은 주관적 감정을 갖게 한다.

- 비관주의는 자기 만족적이다. 비관주의자는 도전을 받으면 하던 일을 계속하지 못한다. 결국, 충분히 성공을 거둘 수 있는 상황에서도 실패를 더 자주 하게 된다.
- 비관주의는 육체적으로 건강이 좋지 않은 것과도 관계가 있다.
- 비관주의자는 승진하기 위해 노력해야 할 때 좌절해 버린다.
- 비관주의자는 자신이 옳았고, 단지 상황이 나빴던 것으로 밝혀질 때도 여전히 불리하게 느낀다. 이들의 언어 습관은 일시적 후퇴를 재난으로 만들고, 재난을 확대해 파멸로 종지부를 찍고 만다.

비관주의자에 관해 할 수 있는 가장 정확한 이야기는 그들의 두려움이 뿌리를 내린다는 것이다. 대차대조표를 놓고 볼 때 낙관주의에 단연 높은 비중이 실리지만, 비관주의가 필요한 영역도 꽤 많다.

우리는 모두 낙관주의와 비관주의의 양면을 경험하며 산다.

가벼운 우울증은 주기적으로 나타난다. 우울증은 보통 하루 주기로, 일부 여성들에게는 한 달 주기로 나타나기도 한다. 우리는 일반적으로 아침에 일어났을 때 더 우울함을 느끼고, 시간이 흐를수록 낙관적으로 변해 간다.

여기에 한 가지 더 겹쳐지는 현상은 사람의 '기본 휴식 활동 주기 *BRAC: Basic Rest and Activity Cycle*'다. 이 주기는 오후 4시쯤 최저 상태가 되었다가 새벽 4시에 다시 최저가 된다. 일반적으로 늦은 아침과 이른 저녁에 제일 높은 주기를 기록하지만, 정확한 타이밍은 사람에 따라 다르다.

고조 상태에서는 평소보다 더 낙관적인 성향을 띤다. 보통 이때 '다음에 정복할 애인은 누구로 할까'라든지 '스포츠카를 새로 살까' 하는 등의 모험적인 계획에 집중한다.

반면 저조 상태에서는 평소보다 우울하고 비관적인 성향을 띨 확률이 높다. 이때에는 고조 상태에서 세웠던 계획에 따른 준엄한 현실을 생각하게 된다. 이런 상태에서는 이혼하여 아이가 셋 달린 어떤 사람과의 결혼에 대하여 관심을 보이지 않는다. 또 새로 사려는 재규어 1대를 사려면 자신의 1년 수입보다 훨씬 많은 비용을 내야 한다는 이성적 판단이 떠오른다.

당신이 만약 낙관주의자이고 이 사실을 생생하게 그려 보기를 원한다면 가장 최근에 새벽 4시에 일어나서 다시 잠들지 못했던 때를 한 번 머릿속에 떠올려 보자. 낮에는 쉬 잊어버릴 걱정거리가 당신을 쥘 것이다. 배우자와의 논쟁을 곧 이혼으로 받아들이고, 직장 상사가 눈살 한 번 찌푸린 것은 곧 해고로 받아들인다.

날마다 비관주의와 씨름하면서 우리는 이 비관주의가 우리 삶에서 건설적인 역할도 담당하고 있다는 점을 발견하게 된다. 비관주의가 가벼운 형태로 나타나면 지나치게 과장된 낙관론에 기인한 모험에서 한 발 비켜 날 수 있고, 한 번 더 생각하게 함으로써 경솔하고 성급한 행동을 하지 않도록 조심하게 된다.

생활 속에서 낙관주의가 필요한 경우는 큰 계획을 세울 때, 꿈과 희망을 설계할 때 등이다. 현실은 꿈이 자랄 공간으로는 은근히 왜곡되어 있다. 낙관적인 발상이 없다면 어렵고 위협적인 일은 하나도 이루지 못할 것이고, 또 가능성이 낮은 일은 엄두도 못 낼 것이다. 에베레스트 산은 아무도 정복하지 않은 채 그대로 남아 있을 수도 있다. 마라톤에서 마지막 4분 동안의 질주를 하지 못하고 주저앉을 수도 있으며, 제트기와 컴퓨터에 대한 계획이 재정담당 부사장의 휴지통에 처박혀 있을 가능성도 높다.

진화의 특징은 각자 서로 뜯어고치려고 하는 낙관주의와 비관주의 간에 발생하는 역동적인 긴장감에 있다. 우리가 매일 주기적으로 오르락내리락하는 동안, 그 긴장감으로 도전과 위축이 이루어진다.

위험이 없다면 극단적으로 앞으로 나아가기만 하겠지만, 긴장감이 우리를 다시 끌어당긴다. 어떤 의미에서 인간이 더 많이 성취해 낼 수 있는 것은 이와 같은 끊임없는 변동 때문이다.

그런데 진화의 역사에서 우리는 선조의 두뇌를 이어받아 머릿속에서 비관적인 불평이 쏟아져 나올 수밖에 없다. 성공은 꼬리를 감추고, 곳곳에 도사린 위험으로 몸이 떨린다. 비극이 우리를 기다리고 있고, 낙관적인 태도는 자기 과신으로 치부되어 버린다. 빙하시대의 암울한 현실을 정확하게 비춰 주던 뇌는 이제 현대적인 현실이 그보다는 암울하지 않기 때문에 자꾸 뒤처지고 있다.

현대에도 분명히 그 내부에 많은 위협과 비극적 요소가 자리 잡고 있다. 범죄, 에이즈, 이혼, 핵전쟁의 위협, 생태계의 훼손 등이 그 대표적인 예다. 하지만 이는 사실상 서구 근대사회를 그 옛날 빙하시대 때 뇌를 형성시킨 여러 재앙의 수준에 근접하게 하려고 통계상의 부정적인 조작을 의도적으로 한 것일 뿐이다. 그 결과 우리는 그 옛날 비관주의의 흔적으로 끊임없이 들려오는 비관주의의 목소리를 잘 인식하고 있다.

그렇다고 해서 우리가 반드시 로터스 열매 - 그리스신화에서 로터스 열매를 먹으면 이 세상의 괴로움을 잊고 즐거운 꿈을 꾼다고 생각하던 상상의 식물 - 를 먹어야 하는 것은 아니다. 우리는 평상시보다 더 낙관적인 태도를 보일 필요가 있다.

낙관주의를 사용할 것인지 아닌지에 대해 우리가 선택권을 가지고 있을까? 낙관주의의 기법을 습득할 수 있을까? 구시대 유물 같은 뇌에다가 낙관주의를 덮어 씌워서 유익을 누릴 수 있을까? 그리고 아직까지 필요할 때에는 쓸 수 있도록 비관주의를 남겨놓아야 하는 건 아닐까?

진화에는 아직 여유가 있기 때문에 이 일은 가능하다고 믿어진다. 성공적인 회사와 마찬가지로 우리는 마음속에 운명이 주는 충고와 도전적인 결심을 잘 조절할 수 있는 경영자를 한 사람 둘 수 있다.

낙관주의는 어서 움직여서 도전하라고 충동질하고, 비관주의는 잠깐 진정하라고 요구할 때 우리는 두 가지 목소리에 모두 주의를 기울여야 한다. 이런 일을 하는 마음의 경영진은 바로 지혜다. 이것이 바로 이 책에서 기본 핵심이 되는 실체다.

비관주의의 확산 및 굴곡진 악영향과 함께, 긍정적인 면을 동시에 이해함으로써 끊임없는 비관주의의 유혹에서 벗어나는 일이 가능해진다. 그런 유혹은 머릿속 깊숙이 자리 잡고 있거나 아마도 습관적으로 형성된 것이다. 대부분의 일에서 우리는 낙관적인 태도를 보이는 법을 배워야 하지만 정당한 이유가 있을 때는 비관주의를 염두에 둘 필요가 있다.

암을 유발하는 비관주의

비관주의가 질병을 유발한다는 사실에 대한 체계적인 연구는 크리스 피터슨 박사에서 시작되었다. 버지니아 대학교 기술연구소에서 비정상 심리학을 가르치던 그는 강의를 듣는 학생 150명을 대상으로 한 가지 테스트했다.

피터슨 박사는 학생들에게서 자신의 건강 상태와 최근에 병원에 찾아간 기록을 제출받았다. 피터슨 박사가 그 이듬해에 학생들의 건강 상태를 추적했을 때 비관주의자 중 전염병에 걸린 인원이 2배나 많았고 병원에 간 횟수도 2배 더 많았다.

이 말은 비관주의자가 실제로 아프다기보다는 자신들의 통증에 대한 엄살이 더 많다는 이야기로만 받아들여야 할까? 그렇지 않다.

피터슨 박사는 감염된 질병의 수와 병원에 찾아간 빈도를 테스트 받기 전후로 관찰했는데, 비관주의자들에서는 테스트 이후에 이 숫자들이 아주 높게 증가한 것을 확인할 수 있었다.

유방암에 관해 행한 연구도 있다. 영국에서 가장 먼저 이루어진

유방암 연구는 69명의 여성을 대상으로 5년간 시행되었다. 암이 재발하지 않은 여성은 '싸우려는 정신' 자체를 가지고 있는 경향이 짙었다. 반면 사망했거나 암이 재발해서 고생한 여성들은 보통 처음 진단을 받을 때부터 무기력하거나 운명적인 상황으로 받아들이는 경향을 보이고 있었다.

그 뒤 국립암연구소에서는 재발한 암으로 투병하는 35명의 여성을 대상으로 연구했다. 각각 자기가 살아온 삶에 대해서 자세히 조사를 받았으며 여기에는 결혼과 아이들, 직업 그리고 앓은 질병이 있는지에 대한 질문이 포함되어 있었다. 이어 외과 치료, 방사선 치료, 화학약품 치료가 시작되었다. 이 상담 내용을 토대로 각자의 낙관성에 대한 내용을 분석했다.

유방암이 한 번 재발하고 나서 오래 사는 사람은 드물다. 이들은 한 1년 정도 지나면서 사망하기 시작했다. 어떤 이들은 몇 달 만에 죽어나갔다. 소수이긴 하지만 지금까지 살아남아 있는 사람들도 있다.

누가 가장 늦게까지 살아남았을까? 삶에 대해 큰 기쁨을 갖고 사는 사람들과 낙관적인 언어 습관을 지닌 사람들이 바로 그러하다.

그렇다면 낙관적인 여성들은 기쁨이나 낙관주의 때문이 아니라 암이 심각하지 않아서 더 오래 산 것 아니냐는 의문을 가질 수 있다. 하지만 그렇지 않다. 국립암연구소는 NK세포의 활동이나 암에 걸린 림프샘의 개수, 암이 퍼진 정도 등 질병의 심각성을 나타내

주는 지표들에 대해서 상세하게 기록한 귀중한 자료를 보관하고 있다. 질병이 얼마나 심각한가와는 무관하게 기쁘고 낙관적인 언어 습관을 갖고 사는 사람은 장수의 혜택을 누리고 있다. 이런 결과는 거의 의심할 여지가 없다.

한편 말기 암 환자들을 대상으로 배리 카실레스 박사가 한 연구가 있는데, 이는 널리 공인된 것으로 심리적인 요인이 장수와 관련한 것은 하나도 발견하지 못했다는 사실을 담고 있다.

『뉴잉글랜드 의학저널』의 편집장을 지낸 마르시아 에인절은 잡지의 특집에서 이 연구는 '마음의 상태가 질병에 어떤 직접적인 영향을 준다고 믿는 건 엉터리임을 인정하는' 증거라고 추켜세웠다. 에인절은 잘 짜인 연구는 다 무시해 버리고 가장 형편없는 연구를 찾아내어 마음이 질병에 영향을 준다고 생각하는 소위 건강심리학이란 이제 앞으로는 영원히 '신화'가 될 거라고 주장했다. 유물론자들은 심리적 상태는 결단코 신체적 건강에 영향을 줄 수 없다는 신조를 지탱해 나가기 위해서 애쓰고 있었다.

그렇다면 어떻게 해야 카실레스 박사가 발견한 사실과 심리 상태가 질병에 영향을 준다는 수많은 연구 결과를 조화시킬 수 있을까?

우선 카실레스 박사의 심리 테스트는 적절하지 않았다는 점을 들 수 있다. 그녀는 잘 정립된 테스트 전체를 사용하지 않고 일부만 떼어 내서 사용했다. 수십 가지의 질문을 동원해서 평가해야만 하는 개념들을 그냥 한두 가지 간단한 질문만으로 규정해 버린 것이다.

두 번째로 카실레스 박사가 대상으로 삼은 환자들은 모두 말기 환자였다. 만약에 거친 사내가 운전하는 트럭에 받히면 낙관성이 얼마가 되든 별 상관이 없을 것이다. 그러나 자전거에 치였을 때 낙관성이 아주 중요한 역할을 한다.

긍정심리학은 '말기' 판정을 받아 치명적인 암세포를 많이 가진 환자에게도 어떤 심리적 과정이 좋은 효과를 보일 거라고 주장하지는 않는다. 그렇지만 최소한 종양이 작다거나 암이 진행 초기일 때에는 낙관주의가 삶과 죽음을 갈라놓는 마술을 충분히 부릴 수 있을 것이다. 이 사실은 낙관주의가 면역 체계에 미치는 영향을 연구한 여러 사례에서 관찰된 적이 있다.

언어 습관과 비관주의

유물론자들은 면역 체계가 사람 속에 내재하고 있는 심리와는 동떨어진 것으로 간주한다. 그들은 낙관주의나 희망 같은 심리적 변수는 영적인 세계를 말하는 것만큼이나 허황된 이야기라고 믿기에, 낙관주의나 우울증, 사별 등이 모두 면역 체계에 영향을 준다는 주장에 대해서 의심하는 토마스 - 예수님을 따라다니던 열두 제자의 한 사람으로 예수님이 부활했을 때 믿지 못하고 의심해서 손가락으로 예수님의 상처를 만져 봐야 믿겠다고 주장한 합리주의자 - 처럼 생각한다.

그들은 면역 체계가 뇌와 연결되어 있다는 것과, 희망 같은 마음의 상태가 결과적으로 사람의 심리에 영향을 주는 뇌의 상태라는 사실을 잊어버리고 있다. 뇌의 상태가 나머지 신체에 영향을 주고 있으므로 이 과정에서 감정과 생각이 질병에 영향을 줄 수 있다는 사실은 더는 신비롭거나 영적인 것이 아니다.

뇌와 면역 체계는 신경조직으로 연결된 것이 아니라 호르몬으로 연결되어 있다. 이 호르몬은 핏속을 돌아다니며 신체의 한 부분에서 다른 부분으로 감정 상태를 전달해 주는 화학적 전달체이다. 사람이 우울증에 빠졌을 때 뇌에 변화가 생긴다는 사실에 대해서는 이미 잘 검증되어 있다. 신경 전달 매개체인 호르몬은 한 신경에서 다른 신경으로 메시지를 연달아 전해 주는 역할을 하는데, 이 호르몬은 고갈될 수 있다. 이 일련의 호르몬을 카테콜아민이라고 부르는데, 우울증에 걸렸을 때는 거의 바닥 상태가 된다.

그러면 어떤 물리적인 경로를 통해서 면역 체계가 자기 주인이 비관적이라든지 우울하다든지 또는 슬픔에 잠겼다든지 하는 사실을 감지하는 것일까? 카테콜아민이 고갈되었을 때는 엔도르핀(사람의 몸에 존재하는 마취제)이라고 불리는 다른 화학작용제의 활동이 증가한다는 사실이 밝혀졌다. 면역 체계의 세포는 엔도르핀의 수준을 감지하는 수신 장치이다. 우울증에 빠져 있을 때처럼 카테콜아민 수치가 낮은 경우에는 엔도르핀 수치가 상승한다. 면역 체계는 이를 감지하고 엔도르핀 수치를 낮춘다.

이 사실은 생물학적으로 꾸며 낸 이야기일까 아니면 우울증이나 사별 또는 비관주의 등이 실제로 면역 체계의 스위치를 꺼 버리는 것일까?

약 10년 전쯤에 오스트레일리아의 선구적인 연구원 그룹이 아내를 치명적인 질병이나 사고로 잃은 남편 26명을 상대로 조사했다. 그들은 각 대상자를 설득해서 두 번 채혈했는데, 처음에는 아내가 사망한 후 첫 주에 하였고 다음에는 6주 후에 채혈했다. 그래서 연구원들은 슬픔을 겪는 동안에 면역 체계가 어떻게 돌아가는지 관찰할 수 있었다. 면역 체계는 슬픔을 겪는 동안 기능이 저하되었다. T-세포는 평소처럼 급속히 증가하지 않았고, 면역 체계는 시간이 흐르면서 회복되어 갔다. 미국에서는 이런 획기적인 발견을 확인하고 그 연구 범위를 확장하였다.

우울증도 면역 체계가 반응하는 방법에 영향을 주는 듯하다. 37명의 여성을 상대로 나쁜 일과 우울증이 핏속의 T-세포와 NK세포의 활동에 미치는 영향을 조사하였다. 삶에 심각한 변화가 있는 여성들은 일상적인 사람들보다 NK세포의 활동이 저하되었다. 또 여성들의 우울증이 심해질수록 면역 체계의 반응은 더 나빠졌다.

만약 우울증과 슬픔이 일시적으로 면역 활동을 저하시킨다면, 만성적인 상태라고 할 수 있는 비관주의는 면역 활동을 궁극적으로 저하시켜야 할 것이다. 비관적인 사람은 더 쉽사리 그리고 더 자주 우울증에 빠진다. 이 말은 비관적인 사람들은 일반적으로 면역 활동이 낮다는 것을 뜻한다.

이 사실을 검증하기 위해서 펜실베이니아 대학교의 심리학 교수 셀리그먼과 같은 대학교의 대학원생 레슬리 케이먼, 예일 대학교 출신의 주디 로딘은 한 가지 실험을 시행했다. 로딘은 코네티컷주 뉴헤이븐시 일원에 살고 있는 사람들의 건강 상태를 쭉 관찰해 오고 있었다.

이들의 평균 연령은 71세로, 그들은 매년 몇 번씩 오랜 시간 인터뷰를 하면서 자기의 영양 상태와 건강 상태 및 손자에 대해서 이야기했다. 또 1년에 한 번씩 피검사를 받아 면역 체계의 활동을 점검했다.

연구팀은 비관성을 기준으로 인터뷰한 다음, 비관적인 사람의 혈액에서 어떤 면역 활동을 예측해 볼 수 있는지 알아보았다. 예상한 대로 낙관주의자는 면역 활동이 비관주의자보다 우수했다. 게다가 인터뷰할 때의 건강 상태나 우울증 정도가 면역 반응을 표시하는 점은 발견할 수 없었다. 말하자면 비관론은 건강 상태나 우울증과 관계없이 자체적으로 면역 활동을 저해하는 것이다.

이러한 사실을 종합해 보면, 사람의 심리 상태가 면역 반응을 변화시킬 수 있다는 증거가 분명해진다. 사별이나 우울증, 비관주의는 모두 면역 체계의 활동을 저하시킬 수 있다. 이것이 어떻게 작용하는지는 아직 정확히 규명되지 않았지만, 한 가지는 분명하다.

앞서 언급했듯이 뇌의 어떤 신경전달물질은 사별, 우울증, 비관적인 상태 등을 겪을 때 바닥이 날 수 있다. 이는 곧 뇌의 모르핀 함량이 증가한다는 뜻이다. 면역 체계는 이런 호르몬에 대한 수용자를 가지고 있어서 엔도르핀 활동이 활발할 때 문을 닫아 버린다.

혹시 비관적인 태도가 면역 체계를 바닥낼 수준이라면, 비관론이 전 생애에 걸쳐서 신체 건강에 해를 줄 수도 있다.

낙관주의자가 비관주의자보다 더 오래 사는 것이 가능할까?

젊을 때 낙관적인 언어 습관을 갖고 있다면 남은 인생 동안 더 건강하게 살 확률이 높을까?

이 질문에 과학적인 대답을 하기란 그리 쉬운 일이 아니다. 나이가 많은 사람이 모두 다 그렇다는 건 아니지만, 그들 대부분은 낙관주의자일 가능성이 높다는 이야기다. 이는 그들이 오래도록 건강하게 살았기 때문에 낙관적인 태도를 보이고 있을 것이라는 말도 된다.

이 질문에 대답하기 전에 다른 여러 가지 사항에 대해서 먼저 답을 해야만 한다. 먼저 언어 습관이 전 생애 동안 지속적인지 알아볼 필요가 있다. 어릴 때 가졌던 낙관론이 나이가 들어서도 유지된다면 낙관성 수준이 평생 지속되는 경우라고 볼 수 있다.

이 사실을 실험해 보기 위해서 셀리그먼 박사는 대학원생 멜라니 번즈와 함께 어린시절부터 계속해서 일기를 써 오고 있는 사람을 모집했다. 30명의 사람에게 일기장을 받은 연구팀은 이 일기를 조사하고, 각자에 대한 10대 시절의 언어 습관 프로필을 작성했다. 또 자원한 사람은 모두 현재의 자기 삶에서 건강이나 가족 또는 직업에 대해서 수필을 길게 적어 냈다. 이 글도 모두 조사하여 노년의 언어 습관 프로필을 따로 하나 만들었다.

이 두 프로필은 어떤 관계가 있었을까? 두 프로필을 참고한 결과, '좋은 일'에 대한 언어 습관은 50년 동안 완전히 변할 수 있음이 확인되었다. 예를 들어 한 사람이 어떤 시점에 발생한 좋은 일을,

한 번은 우연히 그렇게 된 것이라고 여기고 한 번은 자기 솜씨가 좋아서 그렇게 된 것으로 생각했을 수도 있다.

그런데 '나쁜 일'에 대한 언어 습관은 50년 이상 조금도 변하지 않고 그대로 유지된다는 사실이 발견되었다. 10대 시절 남자아이들에게 인기가 없던 이유가 자신이 '사랑스럽지 않기' 때문이라고 생각했던 여성들은 50년이 지난 뒤에도 손자들이 찾아오지 않으면 역시 자기가 '사랑스럽지 않기 때문'이라고 생각한다는 점을 일기를 통해 확인할 수 있었다. 즉, 나쁜 일을 바라보는 방식은 전 생애에 걸쳐서 고정된 채로 남아 있다는 뜻이다.

이와 같은 발견을 참고한다면 어린 시절의 언어 습관이 이후 삶의 결과에 어떻게 영향을 미치는지에 대한 핵심을 파악하고 스스로 낙관성을 높이는 연습을 강화해 갈 수 있을 것이다.

아무튼, 괜찮아
다 잘 될 거야

—

초판 1쇄 인쇄 2021년 11월 15일
초판 1쇄 발행 2021년 11월 20일

—

지은이 서상원
펴낸이 김호석
기획부 곽유찬
편집부 박은주, 황보라
마케팅 오중환
경영관리 박미경
영업관리 김경혜

—

펴낸곳 도서출판 린
주소 경기도 고양시 일산동구 장항동 776-1 로데오메탈릭타워 405호
전화 02) 305-0210
팩스 031) 905-0221
전자우편 dga1023@hanmail.net
홈페이지 www.bookdaega.com

—

ISBN 979-11-87265-64-1 03190